래드 지데로는 1세기 신약 세계를 역동적으로 변화시켰던 초기교회의 모든 원리에 대해 빈틈없이 공부할 수 있도록 돕는다. 이 책은 깊이 있는 성경 연구의 결과물이며 논리정연하다. 무엇보다 하나님이 오늘날 세계 각지의 교회를 통해 어떤 일을 행하시는지 그 핵심을 간파했다. 주님이 다시 오신다는 복된 소망에 더욱 가까이 다가갈수록, 그분이 엄청난 추수를 하실 것은 분명하다. 하지만 그렇게 되려면 초기의 단순한 교회로 돌아가야 한다. 바로 이러한 형태가 되어야만 교회는 주님이 가져오실 기회를 놓치지 않게 될 것이다.
짐 몽고메리 | DAWN 사역 설립자 및 대표

나는 이 책을 한번 훑어보다가 너무나 흥미로워 꼼꼼히 탐구하기로 이내 마음을 정했다. 책 안에는 풍부한 자료가 들어 있기 때문에, 진지하게 가정교회를 시작하려는 사람이라면 반드시 이 책을 읽어야 한다. 그래야 실망하지 않는 사역을 할 수 있다. 이 책은 또한 진지한 구도자나 강경한 전통주의자가 제기하는 의문들에 대답할 수 있도록 돕는 유용한 답변서이다. 이 책은 학구적이며, 교회와 관련한 질문들에 대해 성경적으로 또는 역사적으로 세심하게 연구하고 해답을 제시한다. 이 주제를 다루는 여느 책과 마찬가지로, 이 책 역시 신학 기초와 충돌하지 않으면서도 교회의 전통적 구조에 대해 이의를 제기한다. 현대 교회 운영의 기초라 할 수 있는 종교 건물, 직업 목회자, 고비용 프로그램 등을 '경매'에 부친다. 성경의 사례에서 벗어난 관행들이 제거되는 순간 교회는 1세기의 모델이 지녔던 단순함과 효과성을 되찾게 될 것이다. 교회는 모든 민족을 제자로 삼는 사명을 완수해야 한다. 따라서 하나님 나라 확장에 관심이 있는 모든 사람이라면 이 책이 제시하는 패러다임의 전환을 진지하게 고려해야 할 것이다.
빅터 초드리 | 전 외과의사, 가정교회 전략 코디네이터

'와우'라는 감탄사밖에 나오지 않는다. 현대 가정교회 현상에 관해 빠르게 읽히고 명확하고 간결하며, 이해하기 쉽고 설득력 있으며, 통찰력 있고 독자에게 친근하고 깊이 연구된 개요서를 원한다면 이 책이 제격이다. 오늘날 신자들이 성경을 읽으며 실제적으로 적용해갈 수 있도록 이 책은 신선하고 핵심적인 내용을 다룬다.
스티븐 앳커슨 | Ekklesia: To the Roots of Biblical Church Life 의 편집인, 신약성경 회복 재단

나는 래드 지데로가 쓴 이 책을 처음으로 읽어볼 수 있는 특권을 누렸다. 전통 교회의 지도자였다가 신약성경 가정교회 모델을 완전히 받아들이게 된 사람으로서, 나는 이 새로운 운동이 무엇인지 이해하고자 하는 모든 사람들에게 『교회, 가정에서 시작하다』를 추천한다. 이 책은 읽기 쉬운 형태로 풍부한 정보를 담고 있다. 이 책의 메시지는 하나님 나라를 위해 많은 이들과 공동체에 긍정적인 영향을 미칠 것이다. 이 책을 읽고 성령의 음성을 들을 수 있길 기도한다.
윌리 주버트 | 가정교회 사역자, Breakthrough Prayer Ministries 대표

래드 지데로는 이 책을 통해 전세계에서 새롭게 생겨나는 가정교회에 관한 많은 질문에 답하고 있다. 이 책은 실제적이고, 성경적으로 건전하며 새롭다. 그리스도의 몸을 위해 수고해준 저자에게 감사하다는 말을 드린다. 이 책을 적극 추천한다!
래리 크라이더 | 도브 크리스천 펠로우십 책임자

당신이 가정교회에 참여한다면, 단지 최신 유행을 찾아 기웃거리는 게 아니라 보다 높은 수준의 삶을 살고 싶은 마음일 게다. 바로 하나님이 태초로부터 의도했던 그런 종류의 삶 말이다. 그렇게 도약하려면 신뢰할 수 있는 안내자가 필요한 법인데, 그가 바로 래드이다. 그의 이름 때문에 오해하지 마시라. 래드(Rad)는 급진적인 사람이 아니다(Rad는 '급진적'이라는 의미의 Radical의 약자로 쓰이기도 한다—편집자). 그는 가정교회 분야에서 가장 조심스런 작가이다. 가정교회가 당신을 위해 무엇을 할 수 있는지 공정하고 균형 잡힌 그림을 원한다면 당신 손에 그 책을 쥔 셈이다. 믿어도 된다. 당신의 미래를 그 위에 세워나가라. 그는 또한 당신이 밖으로 나가 어떻게 가정교회 네트워크를 세울 수 있는지를 보여준다. 그의 조언은 신생 가정교회에서는 누리기 힘든 견고한 경험에 기초하고 있음을 확신해도 된다. 이 중요한 작업을 통해 저자는 가정교회 운동에 대한 믿을 만한 대변인으로서 자리매김을 분명히 했다. 특별히 이 책의 5장을 추천한다. 이것은 앞으로 오랫동안 세계 곳곳에서 울려퍼질 선언이다. 저자는 가정교회에 대해 당신이 알고 싶은 기본적인 것들을 모두 여기에 담았다. 게다가 당신이 묻지도 않은 많은 비밀까지 알려준다. 그러므로 기대를 가지고 빠져보자. 당신은 북미를 거치며 역동적인 바람을 불러일으킨, 새롭고 그리스도 중심적이며 자유를 주는 삶의 방식에 대해 눈을 뜨게 될 것이다.
제임스 럿츠 | Open Church Ministries 회장

중국에서 인도까지, 아프리카에서 라틴 아메리카까지 교회는 폭발적으로 성장하고 있다. 그러는 가운데 가정 모임에서 야외모임에 이르기까지 단순한 교회 형태가 세계 각처에서 일반화 되고 있다. 외부로부터 제약을 받는 환경에서, 핍박 받는 교회의 피난처로서, 또 가용 자원이 부족한 상황에서 이보다 더 유용한 대안이 있을까? 래드 지데로는 자신의 개인적 경험, 성경 연구 그리고 교회 역사로부터 시작하여 전 세계에 나타나는 단순하고도 비제도적인 형태의 교회에서 나타나는 하나님의 역사에 대해 흥미로운 그림을 제시하고 있다. 가정에서 시작된 1세기의 초기 교회는 우연히 발생한 게 아니며 하나님의 설계에서 비롯되었다. 그 설계는 서구문화를 포함해 어떠한 환경에서도 적응할 수 있고, 재생산이 가능하며 효과적인 교회의 삶을 보여준다. 이 책을 읽고 서구 및 세계 각지에서 확산되고 있는 이 교회 혁신에 동참하기 바란다.
토니 & 페리시티 데일 | *Simply Church* 저자, House 2 House 잡지 편집인

이 책은 가정교회 운동이라는 흥미로운 현상에 대한 학구적이고 목회적인 훌륭한 안내서이다. 가정교회에 대한 역사적이고 실천적이며 성경적인 통찰을 간결하게 정리해 전달한다. 이미 가정교회 운동이 활짝 피어나 성장하고 있는 아시아 지역과, 이제는 가르치는 위치가 아닌 다시 배우는 위치에 서게 된 서구 그리스도인 사이의 문화적 간격을 좁히는 역할을 할 것이다.
볼프강 짐존 | 『가정교회-침투적 교회 개척론』 저자

신약성경에서 출발한 이 책의 내용은 명쾌하며, 그 의미는 도전적이다. 래드 지데로는 이 책을 통해 전세계적으로 확산 중인 가정교회 운동을 모든 그리스도인에게 알리고 그들에게 도전하고 있다. 세계적인 가정교회 운동을 위해 중요한 공헌을 한 저자에게 감사드린다. 지데로는 하나님의 사역에 오랫동안 참여했을 뿐만 아니라, 다른 이들에게 그 길을 보여주기 위한 출사표를 던졌다.
데이비드 게리슨 | 『하나님의 교회개척 배가운동』 저자

교회, 가정에서 시작하다

The Global House Church Movement
Copyright ⓒ 2009 by Rad Zdero
Originally published by William Carey Library as The Global House Church Movement by Rad Zdero
Translated and printed by permission of Rad Zdero,
P.O. Box 39528, Lakeshore P.O. Mississauga, ON, CANADA L5G-4S6
All rights reserved.

교회, 가정에서 시작하다
초판 1쇄 발행 2010년 4월 13일
개정 1쇄 발행 2021년 8월 20일

지은이 래드 지데로
옮긴이 박주언 홍선호 진부천
펴낸이 신은철
펴낸곳 좋은씨앗
출판등록 제4-385호(1999. 12. 21)
주소 서울시 서초구 바우뫼로 156, 402호
전화 (02)2057-3041 팩스 / (02)2057-3042
전자메일 good-seed21@daum.net
페이스북 facebook.com/goodseedbook

ISBN 978-89-5874-359-0 03230

이 한국어판의 저작권은 Rad Zdero와 독점계약한 좋은씨앗에 있습니다. 신저작권법에 의해 한국 내에서 보호받는 저작물이므로 무단 전재와 무단 복제를 금합니다.

교회, 가정에서 시작하다

래드 지데로 지음
박주언 홍선호 진부천 옮김

좋은씨앗

1세기의 가정교회를 통해 모색하는
21세기 교회 생존 모드

회복, 개혁 그리고 부흥의 불씨를 이 세상과 교회에 가져다주고
우리보다 앞서 가신 모든 분들께 이 책을 바칩니다.

가정교회운동이라는 여정에 나와 함께 걷는
친구들과 동료들에게 이 책을 바칩니다.

나의 생명을 구원하시고 때로는 내가 깨닫는 것보다
더 나를 사랑하시며, 영광스럽게도 영원토록 나와 함께하실
예수 그리스도께 이 책을 바칩니다.

 차례

추천의 글 : 작은 교회가 아름답다 (이현수 선교사) 13
역자 서문 : 주님 마음에 쏙 드는 건강한 교회를 찾아서 15

1. 잊혀진 비전 : 교회는 과연 어떤 모습이었을까? 27
2. 개인적 경험 : 아직도 가야 할 길 41
3. 성경적 기초 : 교회, 1세기에는 어떤 모습이었을까? 57
4. 역사적 조망 : 가정교회 운동, 그때와 지금 127
5. 내일을 위해 변화를 도모하는 교회의 10가지 선언 163
6. 실제적 고려사항 : 가정교회의 시작과 성장 179
7. 전략적 지침 : 가정교회와 전통교회의 협력 219
8. 결론 : 우리는 지금 무엇을 해야 하나? 235

부록 1. 바울과 가정교회 (홍인규 교수) 243

부록 2. 교회 형태의 비교 도표 278

부록 3. 초기교회의 구조 및 연결망 279

부록 4. 가정교회를 시작해야 하는 10가지 이유 280

부록 5. 자주 하는 질문들 283

추천 자료 293

추천의 글
작은 교회가 아름답다

교회 역사를 보면 참으로 다양한 교회의 모습을 접한다. 하나님은 지난 2천 년 동안 시대에 맞는 다양한 선교전략을 사용하셔서 복음을 확장해오셨다. 이제, 21세기에 접어든 자신의 교회에 대해 하나님은 무엇을 가장 원하실까? 그분이 꿈꾸시는 그런 교회는 어떤 곳일까? 그리스도의 남은 과업을 위해 가장 효과적인 교회는 무엇이라 생각하실까? 오늘을 사는 그리스도인들이 다함께 구해야 할 명제가 아닌가 싶다.

『교회, 가정에서 시작하다』는 이에 대한 큰 실마리를 제시해주는 책이다. 교회 역사 속에서 가장 순수한 형태로 하나님의 명령을 따랐던 가정교회가 어떻게 그분의 손에 사용되었고, 각 시대와 문화를 만날 때마다 어떻게 주님의 길을 걸었는지에 대해 명쾌하게 설명하고 있다. 성장이 정체된 한국 교회에 활력을 불어넣을 대안으로 가정교회의 구조와 리더십을 쉽고 명료하게 제시한다.

중국의 모든 선교사들이 추방되고 '죽의 장막'에 갇혀버렸을 때 우리는 하나님의 교회가 다 없어진 줄로만 알았다. 하지만 로마의 핍박 가운데 하나님이 누룩처럼 퍼트린 초기교회처럼, 중국 교회는 가정교회라는 형태로 세상의 모든 그리스도인을 놀라게 한 엄청난 부흥을 경험했다. 그야말로 세상을 진동시켰던 초기교회는 소위 '대형교회'가 아니라 가정에서 모인 교회들의 모임이었다.

사람들은 오늘날 제2의 종교개혁이 필요하다고 자주 말한다. 제1의 종교개혁이 사도들의 믿음(정통 신념과 가르침, orthodoxy)을 회복하는 데에 주력했다면, 제2의 종교개혁은 사도들의 실행(정통 실행, orthopraxy)을 회복하는 것이 주가 되어야 한다. 이 책을 통해 문화와 국경을 초월해 하나님의 임재를 경험할 수 있는 효과적인 교회형태가 무엇인지 발견하게 되기를 바란다.

이현수 선교사
한국 프론티어스 국제선교회 대표

역자 서문
주님 마음에 쏙 드는 건강한 교회를 찾아서

내 인생을 치열하게 이끌었던 질문 하나
건강한 교회란 어떤 교회일까? 내 마음에 자리잡은 이 질문은 사라질 줄 몰랐다. 예수 그리스도의 교회에 대한 깊은 애정과 하나님 나라에 대한 타오르는 열정이 있다면 누군들 건강한 교회를 꿈꾸지 않을까 만은, 나에게 이 질문은 답하지 않고는 넘어갈 수 없는 스핑크스의 수수께기 같은 것이었다. 원론적인 이야기라면 이미 신대원을 거치며 정리할 수 있었다. '교회론'이라는 조직신학적 지식과, '초기교회'라는 성경신학적 지식은 소위 신학 교육을 통해 충분히 섭취할 수 있었다. 그러나 실행은 전혀 다른 문제처럼 보였다.

교회 안에 있는 가난한 사람들은 실질적인 도움을 얻지 못했고, 사고로 남편을 잃은 젊은 집사는 홀로 젖먹이 아이들을 책임져야 했다. 잘 지내냐고, 기도하겠다고 다들 따뜻한 말을 건넸지만 아이들을 홀로 키우기 위해 주일에도 일을 해야 하는 그 집사는 쉽게 잊혀졌다. 남편을 잃고 나서 신앙도 잃어 주일 성수도 안 한다는 수군대는 소리와 함께 말이다. 선교사로 있으면서 한 헌신된 무슬림을 만났을 때 "내가 죽으면 이슬람 형제들이 내 자식들을 돌볼 것이다"라는 확신에 찬 그의 말은 생명의 복음을 가진 나조차도 몹시 부러웠다.

처음 예수 그리스도를 믿어 교회를 다니고 목사가 되어 지금까지 사역하면서 교회에 대한 나의 기억은 부정적인 것보다 긍정적인 것이 많다. 나는 좋은 주일학교 선생님을 만났고, 훌륭한 목사님들을 만났으며 사랑 받는 교회들을 경험했다. 목사가 되어 사역하면서도 큰 축복을 받았다고 생각한다. 아름다운 성도들을 만났고, 평생의 멘토로 모실 영적 스승들을 만났다. 오히려 교회에서 겪었던 부정적인 경험은 교회를 향한 비난이나 외면보다는 더욱 깊은 애정을 갖게 했고, 우리 주님과 사도들이 꿈꾸었던 그 교회를 타는 가슴으로 추구하게 했을 뿐이다. 나의 신앙과 영성은 대형교회, 중형교회, 개척교회, 100여 년의 역사를 간직한 유서 깊은 교회 그리고 선교단체를 거치면서 자라왔지만 건강한 교회에 대한 갈증은 더욱 깊어만 갔다.

어떻게 주님의 마음에 쏙 드는 바로 그 교회를 이루어낼 수 있을까 하는 고민에 대해 사람들은 제 각각의 의견을 제시했다. 어떤 사람은 전통과 성경을 자신의 편의대로 넘나드는 것 같았다. 전통을 이야기하면 성경대로 하자고 했고, 성경에 없다고 하면 전통이라고 했다. 마음에 들지 않으면 초기교회로 돌아가야 한다고 주장하고,

초기교회처럼 하자고 하면 지금은 시대가 다르다고 했다. 교회의 건강은 종종 교회의 성장에 밀려나는 것을 보아왔다. 큰 교회가 곧 좋은 교회라는 이상한 논리도 들어보았다.

자연적 교회 성장

그러던 어느 날 건강한 교회에 대한 한 권의 책을 접하게 되었다. 『자연적 교회 성장』이라는 하얀색 하드커버의 책은 나의 가슴을 떨리게 했다. 막연하게 그리던 건강한 교회는 어떤 모습을 가지고 있어야 하는지 그 형체가 드러나는 것 같았다. 그리고 또 한 권의 책을 접하게 되었다. 새로 나온 소그룹 사역 관련 서적이겠거니 무심결에 집었던 책은 셀교회에 관한 책이었다. 그 책은 그때까지 들어왔던 소그룹 사역 그 이상의 내용을 담고 있었다.

나는 어쩌면 이것이 나의 질문에 대한 답일 수도 있겠다는 생각을 했다. 어떻게든 이 책을 출판한 기관에 들어가서 배워야겠다는 생각으로 가득 찼다. 주님의 이끄심처럼 여겨졌다. 망설일 것도 없었다. 오랫동안 갈망하던 질문에 대한 답을 찾을 수도 있다고 생각하니 마음은 단호해졌다. 교회의 회기가 끝날 무렵에 사임을 말씀드렸다. 유서 깊은 교회였고 규모 있는 교회였다. 주변에서는 말리는 사람도 있었지만 아쉬운 마음은 없었다. 그리고 나는 NCD(자연적교회성장)라는 기관에 들어가 나의 질문에 대한 답을 찾기 시작했다.

새로운 도전이었고 흥미로운 시간들이었다. 건강한 교회의 질적인 특성에 대한 이야기를 들을 수 있었고, 건강한 교회는 자연적으로 성장한다는 신념을 접할 수 있었다. 방법론이 아니라 원칙과 원리에 대한 이야기였기에 고개를 끄덕일 수 있었다. 셀은 단지 전통적인 소그룹을 넘어 하나의 교회로서의 모습을 담고 있었다.

  그러나 시간이 지나면서 아쉬움이 생겨나게 되었다. '자연적 교회 성장'은 원리와 원칙에 있어서는 공감할 만한 것이었지만 구체적인 모델을 보여주지 못했다. 몇몇 모델을 내세우긴 했지만, 자세히 들여다보면 과장된 면이 보였다. 셀교회는 건강한 교회의 모델이 되는 듯 했지만 담임 목사로부터 셀까지 내려오는 구조와 시스템에 있어서는 오히려 권위적인 것처럼 보였다. 셀의 부흥과 증가는 결국 하나의 이름 안에 모여 있는 어느 한 교회의 성장을 의미했다. 셀은 완전한 교회라기보다는 이전의 소그룹보다 그 의미와 역할에 있어 훨씬 확장되었을 뿐이었다. 이론은 그렇지 않으나 실제에 있어서는 그렇게 느껴졌다.

가정교회 운동에 뛰어들다

교회는 계속해서 개혁되어 가는 것. 그래도 이것이 내가 얻은 최선의 답이라고 생각하고 수년간의 NCD사역을 마치던 날, 나는 NCD의 대표에게 뜻밖의 이야기를 들었다. 전세계에서 일어나고 있는 가정교회 운동에 대한 소식이었다. 처음엔 대수롭지 않게 생각했다. 수없이 많은 운동들은 곳곳에서 일어나고 있고, 의미가 없는 것은 아니지만 유행처럼 불이 붙었다 사그라지고 있었기 때문이다. 그러나 NCD대표는 이것은 단지 운동이 아니라고 했다. 어쩌면 가정교회야말로 가장 신약성경에 가까운, 주님과 사도들이 원하셨던 바로 그 교회일지 모른다고 했다. 또한 가정교회는 어떠한 환경에서도 살아남을 수 있는 풀뿌리 교회이기에 가장 적대적이고 폐쇄적인 선교지에서도 살아남을 수 있고, 단지 살아남을 뿐만 아니라 빠른 재생산과 증식력으로 열방을 그리스도의 제자로 삼을 수 있는 탁월한 전략이 될 것이라고 했다. 그러나 아직 한국 교회에서는 별 관심이 없고 세계적인 가정교회 운동의 주류를 경험하고 온 사람도 많지 않다는 이야기도 덧붙였다.

또 나의 모험심이 발동했다. 그리고 늘 읽던 성경에서 '누군가의 집에 있는 교회'라는 구절들이 새삼 눈에 띄기 시작했다. 항상 읽으면서도 무심히 지나쳤던 '집에서 모인 교회'에 대해 깊이 생각하게 되었다. 아내와 상의 후 불과 몇 달 만에 이제 막 두 돌 지난 아들과 돌을 앞둔 딸을 데리고 NCD의 대표가 소개해 준 국제적인 가정교회 지도자를 만나기 위해 필리핀으로 향했다. 그리고 수년간 해외에 머물면서 나는 가정교회 운동을 경험하게 되었다.

필리핀과 여러 나라들의 가정교회를 접하고, 관련 세미나를 듣고, 그리고 가정교회 운동 지도자들을 만나면서 가졌던 도전과 고민과 생각을 여기에 다 담을 수는 없다. 그러나 분명한 것은 가정교회 운동은 마치 새로운 상품을 써보라고 아우성치는 그런 수준이 아니라는 사실이었다.

사실 굳이 가정교회를 해야 한다고 역설할 필요도 없는 일인지도 모른다. 성경 특히 신약성경에 나오는 그 공동체, 바로 그 교회를 진지하게 추구하다 보면 누구라도 가정교회의 형태에 이르게 되지 않을까 하는 생각이 든다. 예를 들어 만일 누군가가 타협할 수 없는 교회의 본질 중 하나가 성도의 교제이고 그 교제는 단지 영적 교제를 넘어서 함께 살아가는 교제여야 한다고 믿는다면 수백, 수천이 모이는 교회를 꿈꾸지는 않을 것이다. 너무 많은 사람이 모이는 곳에서는 그 교제가 불가능한 것이 자명하기 때문이다. 둘 중 하나다. 내가 생각하는 교제의 수준을 낮추든지 아니면 내가 생각하는 교제가 불가능한 시점이 되면 쪼개어 나누든지 하는 것이다. 소그룹을 만드는 법도 생각할 수 있겠지만 그룹이 많아지면 그룹과 그룹 사이에는 여전히 참된 교제가 불가능하다.

가정교회가 성경에서 말하는 유일한 교회 형태란 말은 아니다. 그러나 가정교회 운동을 시작하는 사람 중 다수는 성경적인 교회를 향해 진심 어린 추구를 하던 중 거기에 이르게 되었다고 말한다. 어떤 사람은 건강한 교회는 성장하기 마련인데, 가정교회는 작은 교회이니 건강하지 않은 것 아니냐고 묻는다. 그것은 오해에서 비롯된 생각이다. 가정교회는 '성장'하지 않고(사실 약간은 성장한다) '증식(분립)' 한다. 교회를 유기체로 생각한다면 세포를 떠올려볼 수 있다. 하나의 세포는 무한정 자라는 것이 아니다. 만일 하나의 세포가 무한정 자란다면 몸 전체를 위험에 빠뜨릴 수 있다. 세포는 어느 정도 자라면 분열한다. 그러한 분열을 통해 우리 몸은 성장하는 것이다. 가정교회도 그처럼 자라고 분립하는 것이다.

전통적인 교회의 '성장'에 있어 사과나무의 결실은 탐스런 사과라고 말하겠지만, 가정교회의 성장에 있어 사과나무의 결실은 '또 하나의 사과나무'를 심는 것이다. 생각해보라. 어떤 교회가 성장하여 천 명의 교회가 되었을 때와 어떤 가정교회가 분립하여 12-30명이 모이는 천 개의 교회가 생겨나 하나의 교회처럼 움직일 때 어느 쪽이 세상을 향한 강력한 도전이 될 것인가?

가정교회의 여러 흐름

국제적인 가정교회 운동을 살펴보면, 큰 얼개는 같지만 초점은 약간씩 다르다는 느낌이 든다.

어떤 사람들은 순수하게 신약성경에서 기술하는 교회를 회복하기 위해 가정교회 운동을 한다. 이들은 성경적 근거와 초기교회의 배경에 대해서는 능하지만 가정교회의 성장과 분립에는 그다지 개의치 않는 것 같다.

어떤 사람들은 이것을 최고의 선교 전략이라 여겨 가정교회 운동에 뛰어들었다. 그들은 선교지, 특별히 창의적 접근지역이나 폐쇄지역 같은 곳에서 살아남을 수 있는 교회는 가정교회가 거의 유일하다고 여긴다. 그들은 가정교회의 빠른 성장과 분립으로 빚어낸 기적적인 역사를 알고 있다. 그들은 중국과 인도 등을 좋은 예로 여기고 있다.

어떤 사람들은 사회개혁 차원에서 가정교회 운동을 추구한다. 개인주의와 물질만능주의에 중독된 사회에 대한 일종의 대안 모델로서 가정교회 운동을 하고 있는 것이다. 그들은 공동체 모델을 보여주기 원한다. 또한 사회의 여러 이슈에 책임감을 느끼고 성경적인 방법으로 적극 참여하기 위해 노력한다.

어떤 사람들은 교회 개혁 차원에서 가정교회 운동을 하고 있다. 지나친 대형교회 추구 현상과 성직자의 계급화, 교회 건물 신축과 유지에 막대한 재정을 투입하는 흐름에 반하여 성경적 대안을 찾고자 한다. 돈이 없어서 개척을 못한다는 웃지못할 현실 속에서 가정교회는 분명한 교회개척의 전략이 될 수 있다고 확신한다.

이처럼 가정교회 운동의 스펙트럼은 상당히 넓은 편이다. 자세히 들어가면 이 외에도 다양한 관점들을 발견할 수 있지만 하나의 거대한 물줄기를 이루어 전세계에 빠르게 퍼지고 있다.

실제로 불기 시작한 가정교회의 바람

해외에서의 삶을 정리하고 한국에 들어오면서 가장 먼저 마음먹은 일이 바로 래드 지데로의 책을 번역하는 일이었다. 가정교회에 관한 많은 책들이 있지만 나는 래드의 책을 번역하고 싶었다. 대부분은 그렇지 않지만 가정교회 운동의 어떤 지도자들은 관점의 협소함을 드러내는 것 같다. 가정교회를 유일한 교회라고 생각하는 사람도 있다. 나아가 전통적인 교회에 적대적인 태도를 보인다. 한 분 하나님을 믿고, 한 분 예수 그리스도를 통하여 함께 지체되었다는 진실된 애정 없이 전통적인 교회를 비난한다. 대단히 위험한 태도임은 말할 필요도 없다. 그러나 래드의 책을 보면 그는 그리스도 안에서 한 지체로서 교회를 향한 뜨거운 애정을 갖고 있다. 그 애정은 전통적인 교회와 가정교회를 나누지 않는다. 그는 가정교회를 최선의 교회가 아닐까 생각하면서도 이를 유일한 교회로 생각하지 않는다. 전통적인 교회, 가정교회 할 것 없이 예수 그리스도의 참된 진리 안에 있다면 모두 필요하고 존재해야 한다는 열린 사고와 다양성을 인정하는 태도를 보인다.

래드의 책은 얇지만 균형 잡혀 있고, 가정교회 운동의 전체적인 내용을 소개한다. 개인적인 경험, 성경 고찰과 역사적 조망, 그리고 가정교회 운동의 실제에 이르기까지 간략하지만 친절하게 소개하고 있다. 누구라도 쉽게 이 책을 통해 가정교회를 이해할 수 있고, 또한 이미 가정교회로 모인다면 실질적인 도움을 얻을 수 있을 것이다.

한 가지 더하자면, 실제로 북미에서 래드 지데로의 가정교회 사역이 일어나고 있다는 점도 여러 책 중에서 이 책을 번역하겠다고 마음먹은 이유 중 하나이다. 어떤 사람들은 가정교회 운동은 특수한 환경의 선교지에서나 가능한 것으로 단정짓기도 한다. 그들은 소위 선진국의 대도시에서 가정교회는 뜬구름 잡는 이야기라고 생각한다. 한국 교회는 북미의 선교사들에게 복음의 빛을 진 이래로 여전히 그들로부터 많은 영향을 받고 있다. 북미에서 일어나는 신학 사조나 교회 운동, 새로운 프로그램에 대해 한국 교회는 놀라우리만치 즉각적으로 반응하고 있다. 그래서 가정교회 운동이 북미에서도 불고 있다는 것을 래드의 책을 통해 알리고 싶었다.

이 책이 꼭 필요한 분들
한 가지 밝혀두자면 이 책의 내용에 100퍼센트 동의하기 때문에 내가 번역을 시작한 것은 아니다. 지금 전세계의 곳곳에서 퍼져가고 있는 가정교회는 한국 교회라는 토양에는 다소 무리가 있다는 것도 잘 알고 있다. 가정교회가 가진 특별한 장점과 위험성에 대해서도 너무나 잘 알고 있다. 그러나 가정교회 운동은 한국 교회에도 분명히 시사해주는 바가 크다는 확신 가운데 소개하게 되었다. 모두가 이야기하는 한국 교회의 병폐와 약점은 가정교회 운동을 들여다보면서 해결의 실마리를 찾을지도 모른다.

가정교회 지도자들이 듣는다면 회색분자 같은 소리처럼 들릴지 모르겠지만 다양한 사람들이 나름의 도움을 얻었으면 하는 마음으로 이 책을 번역했다. 어떤 이들에게는 순수하게 가정교회를 시작하기 위한 지침서가 될 수도 있을 것이다. 재정이라는 장벽에 막혀 개척을 망설이는 누군가에게는 가정교회가 최고의 방법이 될 수도 있다. 소그룹 사역의 가장 탁월한 모델로 가정교회를 연구해볼 수도 있고, 전도의 탁월한 도구로 가정교회를 생각해볼 수도 있을 것이다. 공동체 운동을 하는 사람들에게는 이 책에서 공동체의 모습을, 교회를 분립하거나, 누군가를 파송해 새로운 교회를 개척할 계획을 가진 이들도 의미 있는 힌트를 발견할 수 있을 것이다. 전통적인 형태의 교회 개척이 불가능한 선교지의 선교전략으로서 이 책이 제안하는 가정교회가 최고의 대안임은 말할 필요도 없다.

아무쪼록 이 책이 한국 교회에 유익이 되고, 신선한 자극이 되며, 여러 사람에게 실제적인 도움이 되기를 간절히 바란다. 지혜롭고 친절한 독자들의 조언을 기대하는 마음이다. 이 책을 통해 하나님이 하실 놀라운 일들을 상상해보며 나의 주 나의 하나님께 무한한 감사를 드린다.

옮긴이들을 대표하여
박주언 목사

1장
잊혀진 비전 : 교회는 과연 어떤 모습이었을까?

The Global
House Church
Movement

The Global
House Church
Movement

현재 우리 안에서 전세계적인 변혁이 일어나고 있다. 새로운 형태의 기독교가 부상하고 있는 것이다. 성령께서 전세계에 가정교회 운동을 일으키시는 중이다. 이런 현상은 중국, 인도 그리고 쿠바 등지를 휩쓸고 있고, 이제는 북아메리카에까지 그 영향력을 확대하고 있다.

세계 전역에서 펼쳐지는 선교사역을 면밀하게 들여다보면, 오늘날 가장 급속하게 확산되는 교회개척 및 복음 증거 방식으로 '가정 단위의 교회와 셀모임'이 활용되고 있음을 알게 된다. 이것은 복음 증거, 교회 성장, 그리고 교회 개척에 관해 지금껏 우리가 동원해온 방식을 압도한다.

당신은 그리스도의 지상명령을 기꺼이 따르고자 하는가? 열방으로 나아가기 위해 단순하면서도 효과적인 모델을 간절히 찾고 있는가? 성경적이고 단순하며 자연스럽고 많은 비용이 들지 않으며, 얼마든지 재생산이 가능하고 익숙하며, 새로운 지도자를 키워낼 수 있는 교회를 기대하는가? 매우 단순하면서도 효과적인 교회 개척 방식을 통해 친구들과 열방을 변화시키고픈 열망을 품고 있는가? 그렇다면 이 책은 당신을 위한 유용한 도구이다.

이 책에는 성경적인 원리와 역사적인 조망, 그리고 개인적인 경험이 고스란히 담겨 있다. 그리스도를 위해 세상을 변화시키는 데 동참한 당신을 돕기 위해 실제적이고 전략적인 조언을 제공하고 있으며, 바로 당신의 집에서 시작할 수 있을 정도로 간편하다.

단지 전통적인 교회가 갖고 있는 약점에 대한 반발심 때문에 이 운동에 참여하는 이들이 있다. 그들은 때때로 대단히 부정적이고 균형 잡히지 못한 모습을 보인다. 하지만 나는 이 책에서 신약성경의 정신에 따라 그리스도인으로 살아가기를 힘쓰며 현재 가정교회 사역에 참여하는(혹은 참여할) 사람들에게 성경적이고 균형을 유지하면서 심도 있는 길잡이를 제공하기 위해 노력했다. 또한 각 장의 마지막에는 여러 유익한 질문들을 제공함으로써 가정교회 사역자들이 훈련 교본으로도 사용할 수 있도록 했다.

잃어버린 비전 다시 찾기

교회의 본질

거실에 모여 하나님과 서로를 알아가기에 힘쓰는 작은 무리들이 도시 전체를 가득 메운 모습을 상상해보자. 이들은 주로 가정에서 모이지만 사무실과 아파트, 그리고 대학 캠퍼스 동아리방에서도 모인다. 우리는 그들을 '가정교회'라고 부른다.

이런 가정교회에서는 한 사람이 모임을 주관하지 않고, 각자의 은사를 발휘해 모두가 기여하면서 함께 참여하고 영향을 주고 받는다. 그들은 무엇보다 하나님과 믿음에 대해, 복음 증거에 대해, 그리고 가정과 사회, 문화, 자녀 양육, 관계, 진로, 고난과 아픔 등 다양한 주제들에 대해 나누기 위해 매주 모인다. 그들은 함께 프로젝트를 시작할 수도 있고, 성경을 읽고, 기도하고, 함께 울고, 함께 먹고, 함께 성찬에 참여하고, 세례를 베풀고, 그리고 어느 때는 그저 어울려 교제하기도 한다.

이러한 가정교회는 전통적인 성직자가 인도하고 주관하는 것이 아니라 그리스도와 이웃에 대해 깊은 사랑을 가진 성도들이 주도한다. 그들은 하나님과 이웃을 사랑하고 그리스도를 닮아가는 것이 우리 삶의 핵심임을 발견했다. 여기에 참여하는 이들은, 1세기 예수님의 제자들이 그랬듯 공동체 안에서 그리고 복음을 증거하는 가운데 예수님의 주님되심과 성품을 다시금 발견하기를 기대한다. 교회 전용 건물이나 사례를 받는 성직자, 화려한 예배, 고비용의 프로그램은 원하지 않으며 실제로도 이런 것은 필요하지 않다.

교회의 사명

이러한 공동체 삶의 경험은 너무도 강렬한 것이어서 하나님을 믿지 않거나 교회에 회의적이던 이웃, 직장동료, 가족, 그리고 친구들이 속속 참여하고 있다. 이 모임이 지속적으로 성장하여 참여 인원이 많아지면 전략적으로 새로운 모임으로 분립하게 되는데, 이 새로운 모임은 가까운 이웃의 집으로, 기업체 또는 교육기관으로도 확산된다. 이 모임의 지도자들은 보다 효과적인 공동체로 자라가기 위해 몇 가지 본질적인 부분만 강조하고 지체들에게 힘을 실어주는 반면, 많은 것들을 요구하지 않는다.

교회의 경계선

도시 전체를 아우르는 단일하고 일치된 교회로서 여러 가정교회 그리스도인들이 함께 사역할 때 그리스도의 몸을 이루는 지체들의 연합이 모든 이들에게 분명하게 드러난다. 가정교회는 교파나 전통에 따른 경계선을 허락하지 않는다. 이는 도시 전체를 아우르는 한몸 된 지체로서 함께 동역하는 데 방해가 되기 때문이다. 서로를 네트워크로 연결하기 위해 가정교회는 가정끼리 만나거나, 함께 배우고 예배하기 위해 공동으로 행사를 개최하기도 한다. 마치 피가 혈관을 순환하듯 여러 가정교회와 심지어 여러 도시를 다니며 섬기는 순회 사역자들도 있다. 이런 순회 사역자들도 서로 정기적으로 만나 기도하고 정보를 교환하고, 새로운 가정교회를 전략적으로 성장시키기 위해 협력한다. 이렇게 하여 누룩이 밀가루 반죽에 퍼지듯 교회는 도시 전체로 퍼져나간다.

교회의 확장

하나님의 부르심에 순종하여 새로운 가정교회가 세워지고, 지도자들이 도시를 순회하고 서로가 연결되면서 가정교회는 장차 많은 세대를 일으켜 세우는 하나님의 운동으로 확장될 것이다. 가정교회는 우리 세대에 새로운 동력원을 가진 유기체가 되어 도시를 변화시키고, 나아가 여러 지역과 나라, 이 땅의 가장 먼 지역에서도 그 믿음을 전파할 것이다.

가정교회란 무엇인가?

그렇다면 도대체 가정교회란 정확히 무엇을 말하는가? 전통적 교회의 일부분인 '가정 셀모임'과 신약성경이 말하는 가정교회 사이에는 겉으로 볼 때 몇몇 유사점들이 있다. 하지만 우리가 인식하고 넘어

가야 할 커다란 차이점 역시 존재한다.[1]

전통적인 교회

여러 전통적인 교회는 '성당'을 중심으로 모든 생활이 진행되는 가톨릭교회와 비슷하다. 이 안에서는 성경공부 모임이나 가정기도 모임이 하나의 선택사항이요 부속물 정도에 불과하다. 가장 중요한 것은 주일 아침의 대예배이다. 소모임들은 일반적으로 형식이 정해져 있으며 미리 짜여진 일정에 따라 움직인다. 리더십은 중앙에 집중되어 있다. 이러한 가정 모임에는 보통 모교회 지체들이 참여하고, 복음 증거에는 초점을 두지는 않는다. 이런 소모임들은 별도의 관심사가 있다. 그러므로 다양한 목적을 위해 모이되, 그렇더라도 이 모임은 교회의 주된 프로그램이 아니다. 우리는 이러한 형태를 가리켜 '소모임을 운영하고 있는 교회'라고 표현할 수 있다.

셀교회

셀교회에서는 전통적인 주일 집회뿐만 아니라 '셀'모임을 동등하게 강조한다. 셀모임은 일반적으로 복음 증거가 중심이 되고, 보통 1년 안에 두 개의 모임으로 분립하는 것을 목표로 삼는다. 그리고 셀모임은 사전에 계획되고 준비된다. 또한 셀모임은 맨 꼭대기에 담임목

---

1. 신약성경의 가정교회 형태와 앞의 두 가지 일반적 교회 형태 사이의 자세한 차이점은 〈부록 2〉를 참조하라.

사 또는 당회가 있는 전통적인 피라미드 형태이기 때문에, 셀의 권한은 제한적이다. 전통적인 교회에 비해 덜 중앙집권적이고 구성원의 참여도가 높기 때문에, 셀교회는 전통적인 교회와 성경적인 가정교회 시스템의 중간에 위치한다고 볼 수 있다. 우리는 이러한 형태를 가리켜 '소모임으로 된 교회'라고 표현할 수 있다.

가정교회

가정교회는 셀모임과는 다음 네 가지 측면에서 다르다. 몇몇 예외는 있을 수 있지만, 가정교회를 다음과 같은 모습으로 묘사한다면 비교적 정확하다.

첫째, 가정교회는 신약 성경에서 발견할 수 있는 초기교회의 근본으로 돌아가려는 시도이다. '가정교회'라는 단어에는 초기교회의 삶의 방식과 능력이 온전히 회복되는 것을 목격하려는 광범위한 노력이 포함되어 있다. 그러므로 가정교회는 단지 거실에서 소수의 사람들이 모이는 것만을 의미하지 않는다. 가정교회는 교회에서 행하는 실제적인 방식에 대한 거대한 변화를 의미한다. 그러나 셀교회에서는 이것을 그저 전통적인 교회 구조와는 다른, 일종의 '프로그램' 정도로 여기곤 한다.

둘째, 가정교회는 그 자체로 모든 역할을 할 수 있는 교회이다. 가정교회는 성찬, 세례, 결혼, 장례, 훈련 실행, 그리고 진로결정 등에 관해 스스로 수행할 수 있는 충분한 능력을 갖고 있다. 가정교회는 무보수의 '장로' 그룹의 리더십을 따라 운영되며, 기도와 예배, 성경공부와 토론, 조언 그리고 전도, 섬김과 치유, 음식과 교제가 있는 가정 크기의 모임이다. 그러나 셀모임은 많은 부분에서 목회자나 위원회 또는 위로부터 재가를 얻어야만 한다.

셋째, 가정교회 모임은 개방적이고 자발적이다. 가정교회는 단지 가르치는 은사에 중점을 두지 않으며 모든 사람의 영적 은사가 발휘되도록 하기 때문에(고전 14:26), 사람이 계획하지 않은 방식으로 성령께서 주도적으로 일하실 수 있다. 그러나 대부분의 셀모임은 사전에 계획된 일정대로 진행되며 성경공부나 신앙서적 읽기를 중심으로 모임을 이끌어나간다.

넷째, 가정교회는 자치적이다. 가정교회는 유급 성직자나 중앙집권적 교회의 절차 제도를 통해 허가를 구하지 않아도 된다. 결과적으로 가정교회는 이런 자율성 때문에 박해나 성장 그리고 변화에 쉽게 적응할 수 있지만 그만큼 잘못된 신학이나 관행에 빠지기도 쉽다. 따라서 가정교회는 건전한 성장을 위해 거미줄처럼 엮인 네트워크로 연결된다. 가정교회는 이러한 거대한 수평적 네트워크의 한 부분이면서도 내부적인 문제를 다루는 데 있어서는 자율성을 계속 유지해나간다. 반면 셀모임은 보다 큰 교회의 피라미드 구조에 의존한다.

요컨대, 성경이 말하는 가정교회는 '교회가 바로 소모임'이라는 말로 설명할 수 있다.

전세계에서 일어나는 운동

위에서 기술한 내용이 기본적으로 1세기에 시작해 3세기까지 이어진 초기교회의 모습이다. 초기교회는 '거실 운동'이었다. 가정교회가 바로 1세기에 "세상을 온통 뒤집어 놓은"(행 17:6, 현대어성경) 그 교회였고, 300년 동안 강대한 로마제국과 싸운 결과로 기독교는 합법화되었다. 가정교회는 또한 오늘날 중국, 인도, 아프리카, 캄보디아, 쿠바, 영국 그리고 서유럽, 북아메리카 같은 곳에서 수백만 명의 그리스도인들이 다시금 발견하고 있는 교회이기도 하다. 심지어 일부 전통적인 교회들도 예수 그리스도의 복음을 들고 보다 효과적으로 도시로 들어가기 위해 교회 건물을 팔고 가정교회 네트워크로 교회를 재구성하기 시작했다.

토론토 선교박람회 기간 동안 우리의 가정교회 연합도 전시장 한켠에 자리를 잡고 '세상을 변화시키는 가정: 전세계 가정교회 운동에 동참하세요'라는 제목으로 현수막을 내걸었다. 어떤 사람은 우리가 그리스도인들에게 효율적인 '아이디어'를 판매하고 있다고 생각했다. 물론 그의 생각은 옳았다. 그곳에서 자기 단체를 홍보하지 않고 비전과 개념, 아이디어 등을 알리는 단체는 우리밖에 없었다. 그리고 이 책이 의도하는 바도 그와 같다. 이 책은 교회의 진정한 모습, 현재 많은 그리스도인이 재발견하고 있는 그 잃어버린 교회의 비전을 회복하려는 노력의 결과물이며, 아직 예수 그리스도를 개인적으로 영접하지 못한 사람들에게 성경적이면서도 효과적으로 다가가기 위해 어떤 방편이 있는지를 모색하려는 시도이다. 사랑하는 독자들이여, 내가 이 거대한 비전에 감동을 받은 것처럼 당신도 감동하길 바란다. 앞으로의 이야기는 틀림없이 당신을 무척 흥분시키는 여행이 될 것이다.

하나님이 이 책에서 밝히시는 진리를 통해 당신의 고정관념과 패러다임을 흔들어 깨우고 변화시키사 당신을 영적 변혁의 최전선에 정병으로 세워주시기를 소망하며 기도한다. 또한 그리스도를 위해 이 세상을 변화시키려는 '전세계 가정교회 운동'에 당신이 실제적으로 동참하도록 인도해주시길 기도한다. 이 운동의 횃불을 들고자 나선 용감한 영혼들에게 경의를 표하는 바이다. 하나님이 함께하시길.

◇ 그룹토의를 위한 질문

1. '잃어버린 비전 다시 찾기' 단락에서 교회의 참된 모습에 대해 당신의 관심을 끌거나 새로운 통찰을 준 내용은 무엇인가? 혼란스러웠다면 무엇 때문인가?

2. 당신은 전통적인 교회, 셀교회, 그리고 가정교회 사이에 어떤 차이점이 있는지 설명할 수 있는가? 각각에는 어떤 장단점이 있다고 생각하는가?

3. 가정교회들을 하나의 네트워크로 연결하는 세 가지 방법은 무엇인가? 당신이 생각하기에 이외에 다른 방법이 있을까?

2장
개인적 경험 : 아직도 가야 할 길

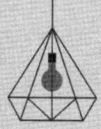

The Global
House Church
Movement

The Global
House Church
Movement

우리가 이야기를 좋아하는 것은 과거, 현재 그리고 미래라는 세 가닥의 실을 꼬아 우리가 힘껏 매달릴 수 있을 만큼 튼튼한 하나의 끈을 만들어주기 때문이다. 어떤 이야기는 우리에게 도전을 주고 어떤 것은 평안함을, 어떤 것은 들뜨게 한다. 반면 아주 평범한 이야기도 있다. 그러나 각각의 이야기는 나름대로 독특하다. 가정교회 운동에 몸담고 걸어오면서 나는 지금까지 여러 지점을 통과했다. 여러분에게 그 이야기를 들려주고 싶다.

그리스도와 그의 사람들을 만남

나는 1969년 캐나다에서 태어났고 명목상 세르비아 정교회 신자인 기독교 가정에서 자랐다. 캐나다로 이민 온 부모님은 나에게 하나님에 대한 믿음과 기도 그리고 개인의 도덕적 책임에 대해 가르쳐주셨다. 하지만 나에게 하나님은 여전히 모호한 개념에 불과했다.

내가 15살 때 여동생이 학교에서 얻은 포켓성경을 집으로 가져온 적이 있었다. 그 다음 해까지 그 성경을 통해 그리스도의 삶과 가르침, 죽음과 부활 그리고 그분이 자신을 가리켜 선포하신 진리에 대해 읽은 후 나는 남은 삶 동안 그분을 따를 것을 결단했다. 어떤 신비한 음성이나 소리를 듣거나 공중에 그려지는 문자를 본 적은 없었다. 여동생도 그 시기에 동일한 결단을 내렸다. 이런 결단은 집안에서 팽팽한 긴장감을 불러일으켰고, 우리는 각자의 방에서 들키지 않게 성경을 읽거나 기도해야만 했다. 부모님은 우리가 혹시 미치거나 이교에 빠진 것이 아닌가 걱정하셨다.

그 후 몇 년 동안, 나는 이런저런 환경 때문에 한 번도 복음적인 교회에 출석하지 못했다. 그렇지만 그런 와중에서도 나는 몇몇 기독교 TV프로그램을 시청할 수 있었고, 내가 다니던 고등학교에서 그리스도인 친구들을 만났다. 매주 6명의 친구들이 모여 소그룹 성경공부를 했고, 그 후 3년은 나에게 아주 중요한 시기가 되었다. 그리스도를 좀 더 가까이 따르려면 서로에게 힘이 되어줄 수 있는 기독교 공동체가 필요하다는 사실을 깨달은 것이다.

초기 대학시절

1987년에 나는 캐나다 해밀턴에 있는 맥마스터대학교에 입학했다. 즉시 CCC에 가입했고, 개인기도와 복음 증거를 통해 주님을 따르는 삶에 대해 많은 도전을 받았다. CCC 간사인 데이브는 2년 동안 일대일과 소그룹으로 나를 집중적으로 훈련했고, 원대한 일을 위해 하나님이 나의 삶을 어떻게 사용하실지에 관해 비전을 심어주었다. 그는 지금도 나의 영적 멘토 중 한 사람이다. 그 시절 나는 몇 명의 그리스도인 및 비그리스도인 친구들과 함께 소그룹을 만들었다.

1980년대 후반에 캐나다 CCC가 조직을 개편할 때 맥마스터에서의 사역을 끝내기로 결정했기 때문에 나는 1989년에 네비게이토 모임에 참여하게 되었다. 그 후 4년 동안 네비게이토 간사이자 두 번째 영적 멘토인 돈이 일대일 선생이 되어 나를 열심히 가르쳐주었고, 성경공부 모임에서 인도자가 되기까지 지속적으로 도전을 주었다. 또한 네비게이토 학생 지도자 팀에 합류하도록 지원해주었다. 한편으로 나는 복음을 전하고자 하는 열망으로 여전히 몇 명의 친구들과 성경공부 모임을 이끌어가고 있었다.

나는 매달 캠퍼스에서 열리는 학생 예배에 참석했고, 주일아침에는 친구가 출석하는 몇몇 지역 교회에 나갔다. 대부분은 좋은 경험이었다. 하지만 얼마 후부턴 지역 교회 출석에 점차 흥미를 잃게 되었는데, 교회가 지나치게 감정적인 부분을 중요시하고 낯선 기독교식 용어와 실행을 고집하며 교회 출석만 잘하면 된다는 식의 소극적인 자세를 보였기 때문이다.

캠퍼스에서의 가정교회

1993년에 박사학위 과정을 밟기 위해 퀸스대학교가 있는 캐나다 킹스턴으로 이사했고 계속해서 그곳에 있는 네비게이토 모임에 참여했다. 나의 세 번째 영적 멘토이자 네비게이토 전국 캠퍼스 책임자인 제레미가 나를 찾아왔고 네비게이토 협력간사로 일하자고 공식적으로 요청했다. 그리고 퀸스대학교에 있는 현직 간사들과 함께 팀 사역을 맡겼다.

  그 후 몇 년 동안 매주 목요일 밤마다 캠퍼스 주위에 있는 가정의 거실과 주방으로 50명의 학생들이 몰려들었다. 우리는 처음 45분 동안은 찬양과 음악으로 하나님을 예배했다. 그 다음엔 각자의 삶에서 예수님이 어떻게 일하셨는지에 대한 짧은 메시지나 간증을 나누었다. 그 후 90분 동안은 7-8개의 모임으로 흩어져 상호 참여하는 성경공부, 기도와 토론 등으로 진지한 나눔의 시간을 가졌다. 저녁 모임이 끝날 즈음에는 거실과 주방으로 모두 모여 다과를 나누며 교제했다. 성경 입문반에는 항상 믿지 않는 친구 몇 명과 동기들이 방문하거나 모임에 직접 참여했다. 굉장한 시간이었다!

이 사람들 모두가 나의 친구들이자 영적 공동체인 동시에 나의 교회였다. 하지만 모든 사람에게 그렇지는 않았던 모양이다. 사람들은 때때로 내가 '어느 교회'에 출석하고 있는지 물었다. 나의 대답은 항상 두 가지였다. "나는 교회에 '출석'하지는 않아요. 하지만 내가 바로 교회죠"라고 말문을 열었다. 그리고 하나님의 영께서 성령의 전인 내 안에 살아 계시므로 나는 주일 아침마다 어떤 건물에 갈 필요가 없다고 말했다. 상대방이 혼란스러워하며 내가 마치 이단이라도 되는 듯 의심스러운 시선을 보내면 나 자신이 진정 교회의 일부분이라고 그들을 설득하곤 했다. 네비게이토 모임은 일반 가정에서 만나기 때문에 전통적으로 보자면 교회처럼 보이지 않았지만, 나에게는 교회였다.

대학시절을 마칠 즈음에 내 마음에는 세 가지가 새겨졌다. 첫째, 복음주의 기독교의 여러 영역에 그리스도의 말씀과 전혀 관계가 없거나 핵심에서 벗어난 전문 용어들과 음악, 외적인 형식과 행동의 제약 같은 것들이 난무한다는 것이었다. 이러한 것들은 없어도 되는 부차적인 것들이다. 둘째, 소그룹은 그리스도인의 성장에 필수적이며 비그리스도인에게 다가서는 데 유용한 도구라는 사실이다. 셋째, 진정한 기독교 공동체 안에서 활발히 활동하고 있다면 주일 아침에 단순히 전통적인 지역 교회에 '출석'만 하는 일은 불필요하다는 것이었다.

전통적 교회에서의 셀모임 경험

나는 1999년에 박사과정을 마치고 과학저술가, 편집자 그리고 프로젝트 책임자가 되어 전문직업인으로 일을 시작했다. 네비게이토와 캠퍼스 사역에 참여해 몇 년을 보낸 후라 이제는 떠나야 할 필요성을 느끼고 있었다. 어떤 방향으로의 변화인지는 나도 정확히 몰랐다. 그런 결단을 내린 여름, 나는 아파트에서 독립적인 가정모임을 시작했으며, 가정교회에 대한 책과 자료들을 구해 읽었다. 동시에, 한 친구가 아주 새로운 지역 교회가 있다며 나를 초대했는데 그곳은 예배당 건물이 없는 것을 제외하고는 전형적인 전통 교회였다. 나는 여전히 회의적이었다. 그러나 몇 개월간의 적응 과정과 교회의 여러 모임을 거친 후에 나는 그곳에 진지하게 참여하기로 결정했다.

그 후 2년 동안 교회에서 셀모임이나 소그룹 사역을 진행했다. 교회에서 내게 셀모임 담당자로 섬겨줄 것을 제안했고 나는 셀모임이 시작되고 계속 운영되는 과정 전반을 관할했다. 이 시기에 협력 교회의 제이슨 목사를 만났는데 그는 자신이 섬기는 교회에 셀모임을 만드는 중이었다. 그와 대화하면서 두 교회의 셀모임 리더들이 리더십 훈련을 위해 함께 모이면 좋겠다는 의견을 나누었고 그 후에 10개월 과정으로 함께 모이기 시작했다. 같이 일하고 대화하고 기도하는 가운데 우리는 이상적인 교회는 어떻게 움직이고 조직되어야 하는가에 대해 비전이 한 곳으로 모이는 것을 느꼈다.

셀모임은 공동체를 성장시키고 선교를 활성화하기 위해 없어서는 안 될 교회의 필수 요소임을 확신하게 되었다. 제이슨의 교회는 이런 비전을 가지지 못했고 셀모임을 단지 많은 프로그램 가운데 하나로만 보았다. 내가 다니던 교회의 사람들은 많은 부분에서 생각이 앞서 갔지만 셀모임의 진정한 역할에 대해서는 확신이 없었다.

나는 두 친구 목사에게 교회가 가야 할 방향이 무엇인지에 대해 말해줄 필요가 있었다. 그들의 감정을 상하게 할 위험도 있었지만, 셀모임의 역할을 상징적으로 보여주기 위해 과일 샐러드 그릇과 포도 몇 송이를 가지고 아침 모임에 참석했다. 그리고 전통적인 교회는 마치 과일 샐러드 같아서, 이 안에는 청소년 모임, 여성도 모임, 구제 지원 모임, 선교 모임 같은 온갖 프로그램들이 있고 셀모임은 그 모임 중 하나에 불과하다고 설명했다. 과일 샐러드는 셀모임을 포함하는 교회일 뿐이다. 그러나 포도송이는 셀모임을 모아놓은 것과 같다. 다른 프로그램은 필요가 없다. 설교와 찬양, 양육, 상호책임, 교제, 전도, 그리고 예배 등 모든 사역이 독립적인 셀모임 안에서 그리고 셀모임을 통해 이루어진다.

하나님은 양쪽 모델을 모두 사용하실 수 있다고 그들에게 말했지만 나는 셀모임에 대한 열정이 있었기에, 우리 교회가 어디로 갈 것인지 알고 싶었다. 결국 그들의 비전은 나와 같지 않다는 것을 알았지만 나는 괜찮았고 힘들지도 않았다. 이것이 분명해지자 오히려 자유를 느꼈다. 몇 년이 지나 교회를 떠나야 할 때가 왔을 때 나는 토론토의 가정교회 선교사로 공식 임명을 받고 파송식을 가졌다. 나는 지금도 그 교회의 많은 분들과 여전히 개인적인 친분이 있고, 가장 친한 친구 몇 명도 그곳에 있다.

이런 경험을 통해 나는 몇 가지를 더 배웠다.

첫째, 아무리 혁신적인 사람이라도 어떤 한 분야에서 패러다임의 변화를 감내하는 것은 매우 힘들다는 사실이다. 전통적 구조의 교회가 셀교회로 변화되는 것은 수년간의 노력 없이는 불가능하다. 교회 건물을 포기하고 성경적인 가정교회 네트워크로 재편되는 것이야 말할 것도 없다. 그것은 거의 불가능에 가깝다. 단지 여기저기 몇 가지 변화를 시도해보는 것은 임시방편일 뿐 근본적인 해결책은 아니다. 완전히 처음부터 시작하는 것이 낫다. 우리는 지금 그렇게 하고 있다.

둘째, 선교적 마인드가 있는 전통적인 교회는 그들 안에 잠재적인 교회 개척자들이 있다는 사실을 인식해야 한다. 교회는 그들에게 사명을 맡기고 하나님 나라 확장을 위해 도시에 가정교회를 시작하도록 파송할 수 있다.

셋째, 이 기간 동안의 개인적인 경험과 신약시대의 교회 형태에 대한 연구 그리고 오늘날 세계 곳곳에서 일어나고 있는 급격한 교회성장에 비추어볼 때 가장 전략적인 교회 구조는 무엇인가에 대한 생각이 많이 변했다. 좀 더 자세히 말하자면, 나는 전통적인 개념의 교회(여러 소그룹 프로그램을 두고 있는 교회)에서 셀모임 교회(소그룹으로 이루어진 교회)를 거쳐 신약성경 형태의 가정교회 네트워크(교회가 소그룹인 교회)로 생각이 바뀌게 되었다.

가정교회 네트워크 구축하기

2001년, 나는 제이슨을 포함한 몇 사람과 함께 셀모임 형태의 교회를 세우고자 토론토로 이사했다. 그러나 더 많이 공부하고 이야기하며 경험할수록 우리가 진정 원하는 것이 다름 아닌 가정교회 네트워크라는 사실이 더욱 분명해졌다. 우리는 하나님이 우리에게 실행하기 바라시는 것 중심에 건물이나 학교 체육관 또는 지역시민센터가 있길 원하지 않으신다는 확신을 얻었다. 우리는 신약성경에서 발견한 바로 그 초기 그리스도인들의 교회가 지닌 단순성과 능력으로 돌아가길 원했다.

몇 년 전에 나는 밤늦게 산책에서 돌아와 하나님이 나를 어디로 부르시는지를 놓고 간절히 기도한 적이 있다. 기도 중에 특별히 이사야 27:2을 읽고 싶은 감동이 강하게 밀려 왔다. 잠깐 스쳐 지나갔을 뿐인데 잊을 수가 없었다. 나는 오랫동안 이사야서를 읽지 않았기 때문에 그 성경구절이 어떤 내용인지 알 수 없었다. 그래서 성경을 펴놓고 읽기 시작했다. "그 날에 너희는 아름다운 포도원을 두고 노래를 부를지어다." 몇 절 뒤에는 이런 내용이 나온다. "후일에는 야

곱의 뿌리가 박히며 이스라엘의 움이 돋고 꽃이 필 것이라. 그들이 그 결실로 지면을 채우리로다"(27:6). 말할 필요도 없이, 나는 그날의 짧은 기도 끝에 감동을 받았고, 성령께서 무엇인가 큰 일을 행하시리라는 확신을 얻었다. 그리고 몇몇 특별한 방식으로 나는 내가 하나님의 동역자로 특권을 누리고 있다는 것을 새삼 깨달았다. 그날 이후, 나는 어느 때는 꿈을 통해, 어느 때는 성경 말씀을 통해, 그리고 심지어 어느 때는 (하나님으로부터 왔다고 믿을 수 밖에 없는) 이미지를 통해, 지금 그분이 열어놓고 계신 문으로 계속 걸어가라는 격려의 음성을 들었다.

우리는 9명의 어른과 2명의 아이들이 매주마다 모이는 신생 가정교회를 시작했다. 그 모임은 예배와 기도, 성경공부, 성찬, 음식과 교제가 있는 상호 참여가 활발한 열린 모임이었다. 그 지역에서 몇 명의 그리스도인을 알게 되어 그들을 초청했다. 몇 명의 사람들이 다녀갔다. 전통적인 교회를 다니며 얻은 경험에서 정서적으로 벗어나는 일은 생각보다 어려운 듯했다.

우리 모임은 단순한 정기 모임 그 이상이었다. 공동체적 삶을 함께 나누면서, 정기적으로 모일 때뿐 아니라, 하루 24시간, 그리고 일주일 내내 주위 사람들에게 진정한 기독교 공동체가 되고자 했다. 모범적인 가정교회가 자라나기 시작했고, 관심을 보이는 친구들과는 주일 저녁이나 주중 아무 때라도 만남을 가졌다.

복음을 전하기 위해 우리는 또한 일터, 학교, 이웃 그리고 버스 정류장 등에서 몇 명의 비그리스도인과 가까운 친구가 되었다. 이들 중 몇은 주중에 우리 가정에서 열리는 '기독교와의 만남'이라는 저녁식사와 나눔 모임에 참여했다. 그리고 이들 중에 그리스도를 향해 의미 있는 발걸음을 내딛기 시작한 이도 있다. 지난 여름 우리는 최근에 믿음을 갖게 된 한 여성에게 뒤뜰 수영장에서 첫 세례를 주었다. 또한 우리가 사는 주에서 가장 큰 쇼핑몰 근처에 무료 편의시설을 설치하여 그곳에서 기독교를 소개하고 믿음에 대해 관심이 있는 사람들에게 참여하도록 권했다. 최근에는 물질적으로 도움이 필요한 지역주민들을 위해 시민회관에서 자원봉사를 하고 무료급식센터에서 손을 보태기도 했으며 어린이를 위한 크리스마스 행사에 참여하기도 했다.

우리 지역에서 가정교회 운동을 일으키고 싶은 사명감으로, 도시 안에 있는 기독교 단체와 소수의 가정교회를 초청하여 우리를 알리는 모임을 열기도 했다. 다른 가정교회와의 첫 대면은 지역 단위의 연계사역을 이루기 위한 첫 걸음이었다. 우리 같은 가정교회는 교단과 함께 일하지만 일부 가정교회는 자유롭게 활동한다. 이런 교회 중에서 특히 다른 곳보다 밀접한 사역 연계가 필요한 가정교회들과 협력관계를 맺었다. 우리는 웹사이트나 입 소문을 통해 세계적으로 또한 국내나 지역적으로 가정교회 운동에 관심이 있는 사람들과 활발히 접촉하고 있다. 이러한 사람들을 만나 그들의 질문에 답변을 주거나 어떤 방향으로 가야 하는지 또한 어떻게 성장해야 하는지 실제적인 조언과 함께 자료를 제공하기도 한다. 이 중에 어떤 사람들은 새로운 가정교회를 시작하고자 준비하고 있다.

우리는 가까운 관계를 맺고 있는 두 가정교회의 사역을 돕고 있으며, 현재 지역 내에는 우리가 적극적으로 관여하고 있는 선교 네트워크가 구축되어 있는 상태이다. 또한 우리는 다양한 상담 모임, 대화채널 그리고 회의를 통해 전국적으로 진행되는 가정교회 운동에 동참하고자 힘쓰면서, 여러 다른 국가에서도 가정교회 네트워크가 구축되는 것을 지원하고 있다.

세계적으로 일어나고 있는 이 일은 진정 성령이 이끄시는 운동이 분명하다. 예수님이 지구적으로 행하시는 이 엄청난 일들을 연구하면서, 나는 앞으로 수년 안에 교회들이 어떻게 변해갈지에 대해 놀라운 비전에 사로잡히게 되었다. 그리고 그 미래는 바로 지금 진행 중이다!

◇ 그룹토의를 위한 질문

1. 지난 몇 년 동안 당신의 삶이나 직장, 혹은 사역에 있어서 가장 큰 생각의 전환이 일어났던 부분은 무엇인가? 어떤 계기가 있었는가? 그리고 그러한 변화는 지금의 삶에 어떤 영향을 미치고 있는가?

2. 가정교회 운동에 적극 참여하려고 할 때 감정적, 지적, 혹은 환경적인 요인 중에서 당신에게 가장 큰 장애물로 다가오는 것은 무엇인가?

3. 당신의 영적 성장에 있어 소그룹이나 셀모임은 어떤 영향을 주었는가? 만일 신약의 가정교회였다면 채워졌겠지만, 당신이 소그룹에 참여하면서도 채워지지 못한 개인적인 필요는 무엇인가?

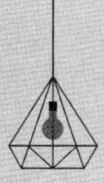

3장
성경적 기초 : 교회, 1세기에는 어떤 모습이었을까?

The Global
House Church
Movement

The Global
House Church
Movement

오늘날 많은 사람들이 '교회'라는 단어를 보면, 특정한 날에 정해진 건물에 모여 특정한 사람들의 리더십을 따라 예배를 드리는 모임을 떠올리거나 아니면 위원회, 교파, 조직 또는 사례를 받는 전임 사역자 등을 생각할지도 모른다. 이러한 양상은 3세기 이후 지난 1700년간 기독교의 전통 중 하나로 자리해왔다. 따라서 오늘날과 아주 달랐던 1세기 그리스도인들의 모임과 조직 그리고 그들의 사고를 살펴보면 우리는 아마도 충격을 받을 것이다. 만약 1세기 그리스도인이 오늘날을 살아간다면 특히 서구에서 교회라고 부르는 것들을 아주 이상하게 바라볼지도 모르겠다.

나는 이번 장에서 예수님과 제자들이 교회의 역할과 형태에 관해 언급한 1세기 당시의 증거를 찾기 위해 신약성경을 검토하면서 특별히 다음과 같은 일곱 가지의 핵심 질문에 대해 살펴볼 것이다.

(1) 초기 그리스도인들은 자기 자신을 어떻게 보았는가? (2) 초기교회 성도들은 어디에서 모였는가? (3) 1세기 교회들은 어떤 모습이었는가? (4) 초기교회는 어떤 리더십을 가졌는가? (5) 가정교회는 어떻게 하나의 운동으로 이어졌는가? (6) 초기교회는 어떻게 성장했는가? (7) 사도들은 교회가 자신들의 청사진을 따르길 기대했는가? 그러면 이제 1세기 형태의 교회로 돌아가보자.

초기 그리스도인들은 자기 자신을 어떻게 보았는가?

가장 먼저 언급해야 할 문제는 초기 기독교 공동체가 자신들을 어떻게 이해했는가 하는 점이다. 다음은 신약성경에서 발견할 수 있는 초기 그리스도인들 사이에 널리 퍼져 있던 몇 가지 핵심 개념들이다. 이 개념들을 기초로, 그들은 자신들이 어떻게 해야 보다 실천적인 조직을 구성하고 제대로 역할을 감당할 수 있을지 판단했다. 달리 말하면, 그들의 신념이 그들의 행동을 결정했고, 그들의 역할이 그들의 형태를 결정했으며, 그들이 받은 위임령이 그들이 취할 방법을 결정했다. 그러면 이제 그들이 자신들을 어떻게 이해하고 묘사했는지 살펴보자.

총회

신약성경에서 가장 흔하게 접하는 단어 중 하나는 헬라어 '에클레시아'이며 114회나 등장한다. '총회' 또는 '모임'이라는 의미를 가진 이 단어는 주로 '교회'로 번역된다. 신약성경에서 '교회'라는 단어는 3가지 정도로 쓰이는데, 어떤 사람의 집에서 신자들이 모이는 것[1]을 언급할 때, 범도시 또는 지역 교회[2]를 언급할 때, 그리고 보편교회(공교회)[3]를 언급할 때다. 이 단어는 어떤 특별한 건물이나 종교 의식 또는 사례를 받는 전임 성직자 그룹을 언급할 때는 한 번도 사용되지 않았다. 초기에 예수님을 따르던 사람들은 그런 것들을 전혀 몰랐다. 교회라는 이 특별한 단어는 신자로서 총회를 이루고 회합하며 같이 모이는 것이 중요하다는 사실을 보여준다.

제자

이 용어는 예수님 주변으로 몰려든 사람들이라는 이미지를 갖고 있다. 때때로 많은 사람들이 팔레스타인의 먼지 나는 길 위에서 예수님을 따라다니긴 했다. 하지만 예수님은 열두 명이라는 적은 수의 사람들만을 특별히 택하시고 그들과 함께 하셨다. 예수님은 이들과 대부분의 시간을 보냈고, 또한 그들이 스스로 훌륭한 지도자들이

---

1. 행 2:26, 5:42, 12:12, 16:14-15, 20:20; 롬 16:3-5; 고전 16:19; 골 4:15-16; 몬 1:2
2. 행 9:31; 롬 1:7; 고전 1:2; 고후 1:1; 갈 1:2; 엡 1:1; 빌 1:1; 골 1:1; 살전 1:1
3. 마 16:18; 고전 12:28, 15:9; 엡 1:22, 3:10-11, 5:22-32; 히 12:23

되고, 다른 사람들을 훈련시킬 수 있도록 훈련하셨다. 성경은 "이에 열둘을 세우셨으니 이는 자기와 함께 있게 하시고 또 보내사 전도도 하며"(막 3:14)라고 말한다. 예수님은 또한 "두세 사람이 내 이름으로 모인 곳에는 나도 그들 중에 있느니라"(마 18:20)고 약속하셨다. 이 말씀을 통해 예수님은 누가 자신의 제자인지를 규정하시고 또 그들이 모일 때마다 함께하겠다 약속하심으로써, 초기 기독교 공동체가 모일 때마다 예수님을 중심에 두도록 격려하셨다.

그리스도의 신부

사도 바울은 그리스도와 교회 사이의 신비한 연대를 남편과 아내 사이의 관계로 비유함으로써 우리의 주목을 끌었다. 그 원동력은 사랑과 순종이다.[4] 세례 요한과 사도 요한도 예수 그리스도와 교회를 묘사하기 위해 이 비유를 사용했는데, 예수님도 결혼잔치의 비유를 통해 이를 언급하셨다.[5]

그리스도의 몸

바울은 교회를 예수 그리스도의 몸으로 비유한 이미지를 여러 차례에 걸쳐 즐겨 사용했다.[6] 이는 머리되신 그리스도와 몸인 교회 사

---

4. 엡 5:22-32
5. 요 3:29; 계 18:23, 19:7, 21:2, 21:9, 22:17; 눅 14:12-23
6. 롬 7:4; 고전 10:16-17, 12:4-30; 엡 4:11

이에 살아 있고 유기적이며 상호의존적인 관계가 있음을 암시한다. 머리 없는 몸은 생명이 없고 아무런 역할을 수행할 수 없는 것처럼, 명령을 수행해야 할 몸이 없다면 머리 또한 아무 소용이 없게 된다. 바울은 그리스도께서 그의 몸에게 지시를 내리시므로, 그 몸을 이루는 각각의 지체들 즉 신자들이 맡겨진 사명을 위해 하나로 연합해야 한다고 강조한다. 신자들은 또한 몸을 이루는 지체들이 제각각 감당하는 역할을 서로 인정하고 격려해야 한다. 그러므로 이 비유는 교회가 중요하게 여겨야 할 두 가지 주된 역할이 무엇인지 보여준다. 그것은 첫째, 신자들 사이의 연합이며, 둘째, 상호의존적인 사역이라는 측면에서 주어지는 동등한 기회 제공이다.

하나님의 가족

사도들의 저작을 보면 교회를 가족과 관련된 용어로 묘사하는 대목이 유독 많다. 하나님을 가리켜 하늘에 계신 아버지[7]라 부를 뿐 아니라, 하나님의 가족, 어린 자녀, 하나님의 권속, 형제, 자매 등의 표현을 썼다. 1세기 신자들은 이런 표현들에 쉽게 공감할 수 있었는데, 당시 지중해 연안의 사회에선 가족간의 연대뿐 아니라 법적 결속력이 매우 강했기 때문이다.[8] 이런 이미지는 교회가 공동체의 구성원

---

7. 요 1:12-13; 엡 2:19; 갈 6:10; 딤전 3:4-5, 15, 5:1-2; 히 2:11; 벧전 4:17; 요일 2:1, 12-14, 3:1; 요이 1:1
8. 행 11:14, 16:15,31, 18:8. 다음 자료도 참고하라. Joseph Hellerman, *The Ancient Church as Family*, Minneapolis, MN, USA: Fortress Press, 2001.

여부를 명확히 규정하는 경계를 갖는 것이 매우 중요한 사안임을 보여준다.

성령이 거하시는 전

사도 베드로는 신자들을 가리켜 하나님의 선하신 기쁨을 위해 신령한 집으로 세워질 살아 있는 돌이라고 했다. 이 신령한 집이란 거룩한 제사장, 즉 모든 신자들이 하나님께 신령한 제사를 드리는 장소이다.[9] 베드로는 이런 이미지를 분명 의도적으로 사용하고 있다. 베드로는 기독교로 회심한 유대인들이 이 표현을 듣고, 예루살렘에 돌로 지어진 성전과 수백 년 동안 선택받은 소수의 제사장들이 짐승을 제물로 드렸던 구약의 제사를 떠올릴 것을 분명히 알았다. 이러한 예화들을 사용함으로써, 베드로는 하나님이 사람의 손으로 지은 건물 안에 거하신다는 관념이 종식되었음을 은연중에 알리고 있다. 유대인의 성전 제도는 이제 종식되었다. 오히려 거룩한 장소에 국한되지 않는, 참되고 신령한 예배가 드려지는 새로운 시대가 도래했다. 그것은 예수님이 예언하셨고 첫 번째 순교자 스데반이 담대하게 선포한[10] 예배이기도 하다.

---

9. 벧전 2:5
10. 요 4:20-24, 행 7:46-50

그림 언어와 용어들

그밖에도 사용 빈도수가 보다 적은 그림 언어들이 있는데, 포도나무와 가지, 선생과 제자, 택함 받은 민족, 하나님 나라, 왕 같은 제사장, 거룩한 나라, 하나님의 유업을 잇는 백성, 군사, 그리고 목자와 양 등이 있다.[11] 이들은 각각 신분, 관계, 공동체, 그리고 사명을 이야기하고 있으며, 이 모든 것은 그리스도인의 삶을 살아가는 데 중요한 요소이다.

하지만 우리는 다음이 궁금하다. 초기교회 사람들은 이러한 개념들을 공동체 안에서 그리고 사명을 감당하는 과정에서 어떻게 실천했으며, 일상에서는 또 어떻게 구현했을까? 초기교회는 어떻게 하나의 운동이 된 것일까? 초기교회가 감당해야 했던 중요한 역할들과 관련된 이러한 신념들은 교회의 발전 과정에서 특별히 그 형태에 어떤 영향을 주었을까? 우리가 앞으로 보게 될 것처럼, 초기교회는 그 역할의 효율성을 극대화하기 위해 형태의 복잡성을 최소화했다.

초기교회 성도들은 어디에서 모였는가?

개인의 집(가정)에서

복음서는 예수님의 공생애 사역이 (다른 여러 장소 가운데서도) 집에서 일

---

11. 눅 9:62, 17:21; 요 13:13, 15:1-8; 행 20:28; 벧전 5:2; 엡 6:10-17

상적으로 이루어졌다고 기록한다. 아기로 태어나신 예수님은 집에서 경배받으셨다. 예수님은 베드로의 장모를 집에서 치유하셨다. 최후의 만찬도 집에서 이루어졌고, 집으로 몰려온 무리들에게 예수님은 말씀을 전하셨다.[12] 또한 그리스도는 복음을 전하도록 제자들을 짝지어 보내시면서 각 동네와 각 지역에 들어가 집집마다 다니라고 하셨다. 제자들은 집집마다 다니며 그들이 전하는 메시지에 응답하는 '평화의 사람'을 찾고 그 사람의 집을 영적 전초기지로 삼도록 지시를 받았다.[13]

개인의 집(가정)은 또한 초기교회의 삶에서 중추적인 역할을 했다. 오순절 직후에 사도 베드로와 예루살렘 교회는 매일 집에서 집으로 다니며 모임을 가졌다. 그들은 집에서 같이 음식을 먹고 기도하며, 물건을 나누어 쓰고 사도들의 가르침을 따르는 공동생활을 시작했다.[14] 베드로는 로마 관료인 고넬료의 집에서 그의 가족과 친구들이 모여 있을 때 그리스도를 전했다.[15]

얼마 후 예루살렘에서 극심한 조직적 박해가 일어났다. 다소 사람 사울은 집집마다 다니며 신자들을 수색했고, 교회가 열리는 집마다 박차고 들어갔다.[16] 나중에 부활하신 그리스도를 만나 회심한

---

12. 마 2:11, 마 8:14-16, 26:18; 막 2:1
13. 눅 10:1-11
14. 행 2:46, 5:42, 12:12
15. 행 10장
16. 행 8:3

사울(사도 바울)은 로마제국을 가로지르는 선교여행을 하면서 신자들로 하여금 집에서 정기적으로 모이도록 했고, 그의 서신 말미에는 이러한 모임을 위해 자기 집을 내어준 집주인들에게 건네는 인사가 담겨 있다.[17]

사도 요한은 독자들에게 거짓 교사들을 집에 받아들이지 말라고 경고하는데, 이 경우 대부분 공공 집회가 아닌 가정교회 모임을 가리킨다.[18] 이들 가정교회는 당시 예루살렘, 에베소, 골로새, 고린도, 라오디게아, 드로아, 빌립보 그리고 로마에 이르기까지 전반적으로 확산되어 있었다.

우리는 1세기의 모든 신자들이 '전적으로' 집에서만 모였는지는 알 수 없다. 그러나 신자들이 모일 경우, 그리고 심지어는 복음 증거의 일환일 경우에도 '대체로' 집에서 모였다고 말할 수는 있다. 결과적으로, 이러한 현상들을 가정교회 운동으로 부를 수 있게 되었다.

공공 장소의 경우

물론 신자들이 공공 장소에 모이는 경우도 있었다. 그리스도인들은 때때로 예루살렘 성전 뜰이나 회당에 큰 무리로 모였다. 이러한 사실들은 교회가 가정에서 모였다는 내용과 서로 배치되는 게 아닌

---

17. 행 16:14-15, 29-34, 18:8, 20:6-8,20; 롬 16:3-5; 고전 16:15,19; 골 4:15-16; 몬 1:2. 이 가정모임의 형태는 로마서 16장 바울의 문안인사에서 좀 더 자세히 나타난다. 하지만 이 모임들이 가정에서의 교회 모임이었는지에 대해서는 명시하지 않는다.
18. 요이 1:10

가? 그렇지 않다. 배경을 제대로 이해하면 이 문제가 해결이 된다.

첫째, 초기 그리스도인들은 민족적으로 볼 때 유대인들이었기 때문에 성전 뜰이나 회당에 모이는 유대식 종교생활은 (비록 예수님을 믿게 되었다 할지라도) 어느 정도 자연스러운 일상의 한 부분이었다.[19] 하지만 회심한 유대인들이 이러한 공공 장소에 모인 장면을 유심히 들여다보면 그들이 주로 복음 증거를 위한 장소로 활용했음을 알 수 있다. 이곳에선 주로 유대인 그리스도인들이 동료 유대인들을 신앙으로 끌어들일 목적으로 설교하거나 치유를 행했다.

둘째, 그리스도인들은 몇몇 회당에서 쫓겨나기 전까지 가정교회로 초대할 수 있는 회심자를 얻기 위해 그곳에서 복음 증거를 계속했다.[20] 바울의 경우, 회당에서 복음 전하는 것을 금지당한 이후에는, 복음 사역을 계속하기 위해 강의실(두란노 서원)을 빌려야만 했다.[21]

이처럼 성전 뜰이나 회당 같은 공공 장소는 복음 증거를 위한 목적으로는 활용되었으나, 교회 회집을 위해 집에서 갖는 모임과는 대척점에 있지 않았다. 이러한 공공 장소에서의 모임은 엄밀하게 교회

---

19. 행 2:1-3:26, 5:12-16, 13:14-16, 14:1-7, 17:1-5, 18:4,24-28. 고고학적 그리고 문헌적 증거는 심지어 1세기 회당도, 누가복음 7:1-5 같은 몇 가지를 제외하면, 개인 가정이었을지도 모른다고 주장한다. 그들은 지역 유대 사람들과 기도와 성경 읽기 그리고 안식일 식사를 함께 하도록 열려 있었다. 다음 책을 참조하라. Richard Ascough, *What are they saying about the formation of Pauline churches?*, Mahwah, NJ, USA: Paulist Press, 1998, pp.12-14.
20. 행 18:4-8; 행 16:13-15와 비교하라.
21. 행 19:8-12; 행 4:23,31도 유사한 사건을 언급하는 것 같지만 명확하지는 않다.

모임이 아니었던 것이다. (성전이나 회당 같은) 종교 건물에 대한 애착은 일시적이고 과도기적인, 전적으로 유대 그리스도인들만이 공유하는 경험이었다. 신성한 종교 건물의 역할은 종식되었으며 더 이상 하나님의 계획의 일부가 아니다. 이는 예수님이 예언하신 바이며 순교자 스데반도 선포했던 내용이다.[22] 이제 이 특별하고도 살아있는 신앙은 더 이상 종교 건물이 아닌 그리스도인 공동체, 특별히 팔레스타인 밖에서 살아가는 사람들의 일상적인 가정 및 공동체에서 지속되고 있다.

가정 모임의 환경적 요인?
주로 가정에서 모인 이러한 초기교회의 형태는 특별한 정치적, 문화적 배경을 갖고 있다. 의심할 여지없이 교회는 다양한 사회적 영향력에서 자유로울 수 없었다. 그 과정에서 어쩔 수 없이 사명 수행 방식에 영향을 받게 된다. 우리는 여기서 몇 가지 자연스러운 질문을 끌어낼 수 있다. 1세기 그리스도인들에게 몰아쳤던 박해와 가난은 어떤 영향을 주었는가? 어쩌면 초기의 제자들은 이 가정교회 형태가 교회의 성장 과정에서 나타났다가 사라질 일시적인 한 단계라고 여겼을지도 모른다. 만일 그들에게 충분한 자유와 재정이 있었다면, 그들 역시 특별한 교회 건물을 세우지 않았을까? 이런 것들이 가정교회 운동을 시작하게 된 진짜 이유가 아닐까? 이런 질문들은 충분

---

22. 요 4:21-24; 행 7:46-50

히 다룰 만하다.

첫째, 1세기 교회가 조직적이고도 심각한 박해를 끊임없이 받았으므로 (대안이 없는 상황이었으므로) 비밀리에 가정에서 모여야 했다는 생각은 매우 그럴듯하긴 해도 정확하지 않은 추론이다. 정확히 그 반대이다. 인정 받는 역사 연구에 따르면, 그 시기에 발생한 조직적이고 심각한 박해는 대개는 산발적이고 국지적이었다는 것이다. 예외적인 경우가 네 차례 있긴 했다. 주후 35년[23] 경 다소의 바울 주도로 집집마다 다니며 그리스도인을 수색했던 예루살렘 대박해가 있다. 주후 49년[24]에 글라우디오 로마 황제가 로마에서 유대인과 그리스도인을 대대적으로 추방한 사건이 있다. 주후 64년[25]에 로마 황제 네로가 로마의 신자들을 체포하고 고문한 사건이 있다. 그리고 주후 90년대 중반[26]에 로마 황제 도미티아누스가 로마와 소아시아의 그리스도인들을 고문한 사건이 있다. 이 네 가지 박해 외에 신약성경에 기술된 대부분의 박해는 교회 전반에 발생한 것이라기보다 흥분한 폭도들에 의해 한 지역에 국한해 발생했으며, 대부분 특정 개인

---

23. 행 8:1-4, 9:1-2
24. 행 18:2 와 고대 로마 역사가 수에토니우스(Suetonius)의 책, 『클라우디우스의 삶』(*Life of Claudius*, 25.4)과 비교하라.
25. 고대 로마 역사가 타시투스(Tacitus)의 책, 『연대기』(*Annals*, 15.44) 참조.
26. .C. Richardson (ed.), *Early Christian Fathers*, New York, NY, USA: Collier Books, 1970, pp.34,37. 그리고 A.D. 90년 중반에 핍박을 당한 소아시아 교회들과 사도 요한에 대해 기록한 계시록 1:9-11 참조.

(즉 베드로, 요한, 스데반, 바울 등)²⁷에게 가해진 사건이다. 그 외 다른 시기에는 초창기 예루살렘 교회가 유대, 갈릴리 그리고 사마리아 지역에서 그랬던 것처럼 사실상 이웃들과 좋은 관계를 유지했다.²⁸

둘째, 신자들이 가정에서 모일 수밖에 없었던 주요 원인 중 하나로 흔히 가난이 거론된다. 조직적인 박해에 대한 잘못된 편견과 비슷하게 가난 요인도 정확하지 않은 추론이다. 당시에 예루살렘 교회같이 물질적 도움이 필요했던 교회와 개인은 분명 존재했다.²⁹ 그러나 사회적 위치와 부를 가진 그리스도인들도 없지 않았다. 예를 들면 에티오피아 환관, 로마 장교 고넬료, 상인 루디아, 도시의 재무관 에라스도, 로마 황제 가이사의 집 사람들, 노예 주인 빌레몬, 그리고 무명의 부유한 그리스도인들이 있었다.³⁰ 만일 교회 건물이 중요했다면 예수님 당시에도 로마 당국이 유대 지역사회를 위해 회당을 건축했듯이 이런 부유한 개인들이 교회 건물 마련을 위해 자금을 댔을 것이다. 그러나 1세기 동안 성경이든, 고고학 자료든 그 어디에서도 교회 건물이 건축되었다는 기록은 존재하지 않는다.

셋째, 초기 기독교가 발전하고 성장하는 과정에서 가정교회는 임시적인 형태였다는 주장도 있다. 사도들은 장래 어느 시점에 가서는

---

27. 행 4:13-23, 5:18, 6:8-7:60, 12:1-18, 19:23-41
28. 행 2:46-47, 5:12-16, 9:31
29. 갈 2:10
30. 행 8:26-39, 10:1-2, 16:14, 17:4; 롬 16:23; 빌 4:22; 몬 1:16; 딤전 6:17; 딛 3:13, 약 5:1-6

그리스도인들이 특별한 교회 전용 건물을 사용하길 기대했다는 것이다. 하지만 이러한 생각은 그들이 거의 300년 동안 가정교회 형태를 계속 유지했다는 사실을 감안하면 어울리지 않는 설명이다. 초기의 신자들은 당시에 어떤 형태로든 종교 전용 건물을 사용하지 않았던 매우 드문 종교 그룹에 속한다. 이런 사실은 신들에게 성전을 지어 바쳤던 헬라인들이나 로마인들 그리고 예루살렘에 그들의 성전을 가지고 있던 유대인들과 뚜렷한 대조를 보인다. 그리스도인들이 종교를 위한 전용 건물을 사용했다는 최초의 고고학 증거는 3세기에 이르러서야 발견된다. 유프라테스 강변에 위치한 한 가정집인데 약 백명 정도의 신자들이 들어갈 수 있는 규모로 구조가 변경된 형태였고, 겉으로는 개인 집과 다를 바가 없었다.[31] 그러나 이러한 예는 분명 1세기 관습을 대표하는 것도 아니며, 3세기에 와서조차 일반적이지 않고 예외적인 경우이다. 그리스도인들이 공동 소유의 부동산을 소유하게 된 것은 콘스탄티누스 황제가 합법화시킨 기독교에 돈을 쏟아붓기 시작한 4세기 초반 이후의 일이다.

결론적으로, 교회가 지속적으로 가정에서 모였던 현상이 박해나 가난 때문이거나 교회 발전 단계의 초기 현상이었다는 주장은 사실이 아니라는 점을 말하고 싶다. 그보다는 다른 요인을 고려해야 한다. 예를 들면 그들의 신학이 있다. 그리스도인들은 교회를 하나의 가정, 더불어 함께 살아가는 공동체, 상호작용이 빈번히 일어나는

---

31. Del Birkey, *The House Church*, Scottdale, PA, USA: Herald Press, 1988, pp.55-57.

모임으로 바라보았고 그런 시각이 그들을 가정에서 모이게 했을 것이다. 달리 말하면, 초기교회가 그 경제성 내지 효율성 제고를 위해 가정교회 형태를 일부러 활용했거나 그렇게 해야 한다고 주장한 것이 아니다. 오히려 가정교회의 형태는 단순하게도 사도들에 의해 시작되고 본보기로 자리잡은, 그리스도인들의 신앙 및 가치의 자연스러운 결과였다.

1세기 교회는 어떤 모습이었는가?

신약성경에 등장하는 가정교회는 어떤 모습이었을까? 그리스도인들은 신자들의 모임에서 정확히 무엇을 했는가? 그들은 공동체로 함께 살아가면서 서로에게 어떤 영향을 주었을까? 1세기 대부분의 가정교회에서 공통적으로 발견되는 핵심사항은 무엇인가?

이번 단원에서는 교회 모임의 형식을 먼저 검토한 후 가정교회를 특징짓는 여러 요소들을 살펴보고자 한다.

교회 모임의 원칙 : 다 함께 참여하고 서로에게 배운다
1세기 교회 모임은 어떤 모습이었을까? 그들은 예배 중심, 은사 중심, 전도 중심 또는 가르침 중심이었는가? 우리는 이런 질문들에 답할 수 있다. 교회 모임의 형식과 목적에 대한 명료한 지침을 갖고 있

기 때문이다. 신자들의 모임에 대한 실황중계식의 자세한 설명은 없지만, 성경의 몇몇 본문에서 우리는 교회 운영의 두 가지 주요 원칙을 발견할 수 있다. 참여와 상호작용이다.

참여는 모든 사람이 모임에 무엇인가를 기여할 수 있도록 기회를 주는 것을 의미한다. 소수의 적극적 참여자가 수동적인 '구경꾼'들을 이끌면서 진행되는 형식보다는 모든 사람이 하나님이 주신 능력과 재능을 사용하면서 참여할 수 있는 기회와 그에 대한 책임을 나누는 것이다. 사도 바울은 신자들이 모이는 목적과 특징에 대해 매우 길게 얘기한 다음, 성령이 인도하시고 참여자들에게 동등한 기회가 주어지는 모임에 대해 다음과 같이 요약했다.

> 그런즉 형제들아 어찌할까 너희가 모일 때에 '각각'(그곳에 모인 모든 사람이) 찬송시도 있으며 가르치는 말씀도 있으며 계시도 있으며 방언도 있으며 통역함도 있나니 모든 것을 덕을 세우기 위하여 하라(고전 14:26).

바울은 다른 곳에서 좀 더 자세한 은사들의 목록을 제시한다. 그런 모습은 분명 교회의 삶이 계속될수록 더욱 활발하게 나타났을 것이다.

'각 사람'에게 성령을 나타내 주시는 것은 공동 이익을 위한 것입니다. 어떤 사람에게는 성령을 통하여 지혜의 말씀을 주시고, 어떤 사람에게는 같은 성령을 따라 지식의 말씀을 주십니다. 어떤 사람에게는 같은 성령으로 믿음을 주시고, 어떤 사람에게는 같은 성령으로 병 고치는 은사를 주십니다. 어떤 사람에게는 기적을 행하는 능력을 주시고, 어떤 사람에게는 예언하는 은사를 주시고, 어떤 사람에게는 영을 분별하는 은사를 주십니다. 어떤 사람에게는 여러 가지 방언을 말하는 은사를 주시고, 어떤 사람에게는 그 방언을 통역하는 은사를 주십니다(고전 12:7-10 새번역).

상호작용은 모임 중에 사람들이 서로에게 배우는 것을 의미한다. 한 명의 지도자와 성도들 사이의 관계가 주가 되지 않고, 각 사람들 사이의 관계가 그렇게 되어야 한다. 교회가 함께 모일 때 모든 사람은 다른 사람들로부터 배우는 것이 있어야 한다. 이것은 다음 구절들에서 '서로'라는 용어로 나타난다.

시와 찬송과 신령한 노래들로 '서로' 화답하며 너희의 마음으로 주께 노래하며 찬송하며 범사에 우리 주 예수 그리스도의 이름으로 항상 아버지 하나님께 감사하며(엡 5:19-20).

그리스도의 말씀이 너희 속에 풍성히 거하여 모든 지혜로 '서로' 가르치며 권면하고 시와 찬송과 신령한 노래를 부르며 감사하는 마음으로 하나님을 찬양하고(골 3:16).

모이기를 폐하는 어떤 사람들의 습관과 같이 하지 말고 오직 '서로 권하여(격려하여)' 그 날이 가까움을 볼수록 더욱 그리하자(히 10:25).

초기교회의 모임은 일종의 영적인 '포트럭 파티'(potluck party, 참석자가 각자 음식을 가져와 함께 나누는 파티 – 옮긴이) 같아서 모든 사람마다 무엇인가를 가져오면 다른 사람들은 거기서 유익을 얻는다. 신약성경 형태의 교회 모임은 각 사람에게 그들의 경험을 나누거나 가르치거나 예언하거나 노래를 부르는 등과 같은 영적 선물을 활용할 기회를 준다. 한 사람만의 쇼라든지 일방통행식 대화, 또는 형식적인 예식이 없는 대신 모든 사람의 영적 은사가 발휘되는 자연스럽고 참여지향적인 모임이었다.

신비적인 요소 : 기도, 찬송과 노래

기도, 찬송과 노래는 1세기 교회 모임에서 강조된 부분인데, 이 책에서는 '신비적'인 요소로 분류했다. 일반적으로, 기도는 하나님께 뭔가를 간구하는 열망에서 비롯된 대화이고, 찬송은 하나님을 인정하고 감사드리는 것이며, 노래는 그런 기도와 찬송을 음악에 맞추어 멜로디로 표현하는 것이다.

기도는 신약 시대 교회에서 하나님을 향한 가장 일반적인 신앙의 표현이었다. 신자들은 서로를 위해 기도했고, 사도들과 권세 있는 자들과 병자들, 그리고 핍박 받는 사람들을 위해 기도했다. 또한 동료 그리스도인들이 죄를 범할 때, 분명한 결정을 내려야 할 때 그리고 수많은 다른 이유들로 인해 기도했다.[32] 성경에는 직접적인 기도문이 기록된 곳도 몇 군데 있다.[33] 하지만 사도행전에서 요한계시록까지 약 90번이나 언급된 기도에 비할 때, 찬송(약 40번)이나 노래(약 12번)는 몇 번 짧게 언급된 것을 제외하면 기도보다 그 빈도수가 훨씬 적다. 따라서 초기 가정교회 모임에서 찬송과 노래보다는 기도가 비교적 강조된 것이 확실해 보인다.

그리스도인들이 모였을 때 모든 사람은 자발적으로, 자유롭게 기도에 동참했던 것으로 보인다(찬송과 노래도 마찬가지다). 몇몇 교회에 보낸 바울의 서신은 그런 점을 강조한다.[34] 이러한 개방적이고 높은 참여의식은 큰 모임에서 조성되기는 힘들지만, 크기가 작고 친밀한 초기 가정교회의 규모에서는 아주 자연스럽게 나타났을 것이다.

지적인 요소들 : 사도들의 가르침
초기교회의 모임은 또한 신자들의 지적인 성장을 위한 장이 되기도

---

32. 행 1:24-26, 2:42, 4:24-31, 16:25; 엡 6:18-20; 빌 4:6-7; 골 4:2-4; 살전 2:8, 5:17-18; 살후 3:1-4; 딤전 2:1-4; 히 13:18; 약 5:13; 요일 5:16; 유 1:20
33. 행 1:24-25, 4:24-31, 7:59-60
34. 고전 14:26, 엡 5:19-20, 골 3:16

했다. 사도 바울은 교회에서 하나님을 아는 지식을 갈구하던 사람들을 특별히 주목했다. 바울의 서신 전체에는 이에 대한 강조가 두드러진다. 이 때문에 어떤 사람들은 바울이 이전에 바리새인이었을 때 받은 훈련의 영향으로 지나친 합리주의자가 된 것은 아닌지 비판하기도 했다.[35]

바울과 그가 세운 공동체의 이러한 경향은 지적 활동에 대한 많은 언급을 통해 분명히 관찰된다. 바울은 자신의 논점을 설명하기 위해 다양한 용어와 개념을 자주 사용한다. 예를 들면, 고려하다, 확신시키다, 분별하다, 파악하다, 설명하다, 판단하다, 알다, 지식, 배우다, 의미하다, 유의하다, 설득하다, 합리적인, 일깨우다, 가르치다, 시험하다, 생각하다, 사고, 진리, 이해, 지혜 같은 용어들이다.[36]

신자들의 모임에서는 이런 것들이 실제로 어떤 식으로 나타났을까? 가르치는 능력을 가진 사람에게 배우는 것과 함께 서로의 가르침을 존중하는 것이 조화를 이루었다. 사도들은 지식이 풍부하고 의사소통 능력이 탁월한 '선생들'이 서로의 유익을 위해 재능을 사용하도록 격려했다.[37] 초기교회는 하나님이 그리스도의 몸을 세우기

---

35. 행 23:6, 26:5,24-25; 빌 3:4-6
36. 행 26:24-25; 롬 12:2, 14:5, 16:19; 고전 1:10, 2:12,15, 4:6,11, 14:20,29, 15:34; 고후 10:5, 11:3; 갈 3:2; 엡 4:22-24, 5:15; 빌 1:9, 2:5, 3:15, 4:8; 골 1:9-10, 3:2,10, 4:5; 살전 5:21; 딤전 2:11, 5:4; 딤후 3:7; 딛 3:14; 히 5:11-6:2
37. 롬 12:6-7; 딤전 5:17; 히 5:11

위해 가르침의 재능을 은사로 주신 사람이 있음을 믿었다.[38] 이러한 가르침의 은사를 가진 사람들에는 지역 장로들이나 성도들, 혹은 여러 교회를 순회하는 사도들도 포함된다.[39] 그러면서도 사도 바울이나 베드로 그리고 요한은 거짓 교사들이 점차 교회에 침투해 들어올 가능성과 함께 그들로 인해 성도들이 사도들의 가르침을 제대로 붙들지 못할 것을 염려했다.[40] 그런 이유로 배우는 사람들은 일시적인 기분이나 생각에 기초하지 않고 사도들의 입에서 나온 말이나 글로 쓰인 가르침과 성경에 기초해야만 했다.[41]

그러한 가르침은 어떤 형식으로 전달되었는가? 한 사람이 일방적으로 메시지를 전하고 청중은 조용히 듣기만 하는 강의 형식이었을까? 정반대였다. 앞서 설명한 대로 지역 교회는 모인 자리에서 "모든 지혜로 '피차' 가르치며 권면하고"[42] 각각 가르치는 말씀도 있었다.[43] 이러한 신자들 사이의 상호 가르침의 방식은 사도들의 방문에서도 적용되었다. 사도 바울이 드로아 시에 있는 한 가정교회를 방문했을 때를 보자.

---

38. 고전 12:28-29; 엡 4:11-12
39. 행 13:1, 15:36-41, 18:24-28; 딤전 5:17; 요이 1:7-11
40. 딤전 6:3-5; 딤후 4:3; 딛 1:10-11; 벧후 2:1-3; 요이 1:9-11
41. 롬 15:4; 고전 15:3-5; 살전 4:1-2; 살후 3:14-15; 딤전 4:13, 5:7; 딤후 2:2, 3:16; 벧후 3:15-16
42. 골 3:16
43. 고전 14:26

그 주간의 첫날에 우리가 떡을 떼려 하여 모였더니 바울이 이튿날 떠나고자 하여 그들에게 강론(spoke)할새 말(talking)을 밤중까지 계속하매 우리가 모인 윗다락에 등불을 많이 켰는데 … 오랫동안 곧 날이 새기까지 이야기(talking)하고 떠나니라(행 20:7-12).

이 성경구절에서 강조된 '말하다', '이야기하다(spoke, talked)'의 헬라어 어근은 '디알레고마이(dialegomai)'인데 여기서 '대화(dialogue)'라는 말이 나왔다. 문자적인 의미는 대화하다 또는 토론하다는 뜻이다. '말한다(talking)'는 뜻으로 쓰이는 헬라어는 크게 로곤(logon)과 호밀레오(homileo)가 있으며, 말하다(talk), 대화하다(converse), 사유하다(reason), 의견을 나누다, 논하다는 의미를 지닌다. 하지만 신약성경에서 일방적인 대화나 '설교'(헬라어로 케루소kerusso와 유안겔로 euangello)를 뜻하는 경우에는 모두 이전 단어와는 다른 헬라어가 사용되었으며, 이 경우는 그리스도의 메시지를 한 번도 들어본 적이 없는 비그리스도인들과 대화한다는 의미다.

따라서 바울의 가르침은 강의나 독백이 아니라 양방향의 긴 토론 형식이었으며, 질문과 대답을 하면 또 다른 질문과 생각들이 생겨나는 방식이었다. 바울이 많은 노력을 기울였지만 그런 토론은 날이 새도록 계속될 정도였다. 이러한 상호 토론과 배움은 초기교회에서 활발히 활용된 전형적인 방식이었다.

극적 요소들 : 예언, 방언 그리고 다른 것들

초기교회 모임에서는 굉장히 독특한(신기한) 사건들이 많이 발생했으며, 요즈음은 이런 사건들이 '극적인' 요소로 분류된다. 당시 지역교회의 여러 다양한 신자들에게 발생했던 이런 사건들은 평범한 것이 아니었고 인간적으로는 도저히 설명할 수 없는 것들이었다. 여기서 분명한 것은 사람은 이런 사건에 있어 도구나 통로이지, 원천은 아니라는 것이다.

모임에서 일어난 극적인 사건들의 예를 들자면,[44] **예언**(하나님의 마음을 말하고자 하는 직관적이고 내적인 지식), **방언**(인간의 언어가 아닌 말을 하고 그것을 통역하는 것), **병 고침**(육체와 관련한 질병에 대한 권능 행사), **기적적인 일들**(마귀를 쫓아냄, 자연현상의 기적 등), 그리고 **영분별**(메시지의 출처가 하나님인지, 귀신 혹은 사람인지 감지하는 것) 등이 있다. 구체적으로는 바나바와 바울을 사도로 세울 때 하나님의 부르심을 분별했던 일이나, 늦은 밤까지 진행되던 토론에서 졸음을 견디지 못하고 높은 곳에서 떨어져 죽은 청년을 바울이 소생시킨 일을 들 수 있다.[45]

이러한 영적 은사들은 교회 모임에 참석한 모든 사람에게 유익을 주기 위해 필요했다.[46] 바울은 교회의 머리되신 그리스도께서 몸 된 교회 구성원 모두의 유익을 위해 행하시는 일과 비교하면서, 성도

---

44. 행 15:32-33; 고전 12:7-10, 28-30; 살전 5:19-22; 약 5:14-16; 요일 4:1-3
45. 행 13:1-3, 20:7-12
46. 고전 14:26; 살전 5:19-20

각자의 은사가 모임에서 중요한 역할을 담당하고 있음을 인식시키려 노력했다.[47] 바울은 모든 사람이 각자 고유한 방식으로 교회에 도움이 된다고 하면서도, 이러한 신비적인 은사들은 교회와 외부 구도자들에게 본질적으로 유익하고 널리 이해되어야 한다고 강조했다. 그는 특히 예언을 매우 장려했다.[48]

　바울은 또한 하나님이 주신 이런 재능들은 각 사람들마다 다르며 모든 사람은 각자 다른 형태로 신비한 재능이 있음을 역설했다.[49] 따라서 지역 교회나 모임마다 각기 다른 은사들이 나타났다. 이러한 은사들은 이 중 그 어떤 것도 억압되어서는 안 되며, 균형과 적절함을 가지고 발휘되어야 했다. 고린도 교인들에게는 이러한 은사의 매력이 비교 대상이 되고 자랑이 되었기 때문에 바울은 은사들이 질서 정연하게 사용되어 교회 모임이 혼란스러워지거나 비생산적이 되지 않도록 강조했다.[50]

상징적 요소들 : 성찬과 세례
초기교회에는 성찬식과 세례라고 하는 두 상징적인 행위가 있었다. 이는 그리스도의 생애와 그를 따르는 사람들의 삶에서 필연적으로

---

47. 고전 12:12-27
48. 고전 14:1-6,22
49. 고전 12:4-7, 28-30
50. 고전 14:27-33,40

만나는 중대한 시점을 표현했다.

성찬. 그리스도께서는 떡과 포도주를 가지고 성찬의 본을 보이셨으며 고대 교회에서는 성만찬으로 행했다.[51] 그것은 분명히 자주 실행되었지만 매번 만날 때마다 단체로 행했는지는 확실하지 않으며, 성찬 도중에 기도, 예언, 가르침과 같은 '신령한' 요소들이 늘 동반되었는지도 잘 모른다. 어찌됐든 성찬은 신자들의 마음에 몇 가지 핵심 개념과 생생한 이미지를 떠올리게 했다. 우선 이것은 예수님이 자신을 희생제물로 내놓으시기 위해 이 세상에 오셨음을 상기시킨다. 떡과 포도주로 표현되는 주님의 살과 피는 이 세상의 죄와 어두움을 치료하기 위한 것이었다. 성찬은 유월절 식사 도중에 그리스도께서 먼저 행하신 것으로, 제자들은 하나님이 애굽의 노예로 살던 이스라엘을 구해내시는 장면을 떠올렸을 것이다. 이 하나님의 구원 역사는 죽음의 천사들이 그들의 집을 '넘어가고' 또한 그들이 애굽 땅에서 약속의 땅으로 가기 위해 광야를 '넘어감'으로 이루어졌다.[52] 이제 예수님은 더욱 사악한 형태인 영적 노예상태로부터 교회를 구원하고자 하신다. 성찬이 공동체의 정식 만찬이었다는 사실은, 1세기의 문화적 상황에서 볼 때, 낯선 사람과는 나눌 수 없는 친밀하고

---

51. 눅 22:14-20; 고전 11:17-34
52. 출 12:1-40

독특한 우정으로 서로를 받아들인다는 표시였다.[53] 그리스도 안에서 자발적으로 가족 관계를 맺은 사람들은 이제는 다른 사람들과 함께 이 '공동체 식탁'을 공유했던 것이다.

그러면 누가 성찬을 감독할 수 있었는가? 흥미롭게도 성경은 이 문제에 관해 침묵한다. 아마도 초기교회들은 이 부분에 대해 별 관심을 기울이지 않았기 때문일 수도 있다. 예수님이 직접 열두 제자들과 함께 마지막 저녁식사를 하시던 때가 유일한 예다. 이러한 한 번의 사건이 전형적인 사례가 되기는 어렵지만, 실질적으로 볼 때 지도자 위치에 있던 사람들이 교회 모임에서 성찬을 시작했음이 틀림없다. 교회의 지도자가 항상 참석하지는 않았을지라도 이런 행사가 있을 때 모든 일이 제대로 되어가는지 확실히 하기 위해 그들이 감독했으리라는 사실은 합리적으로 추론할 수 있다.

세례. 세례는 초기교회에서 널리 수행되던 또 다른 중요한 상징적인 행위였다. 그리스도는 세례 요한에게 직접 세례를 받으셨다. 모든 민족을 제자로 삼고 세례를 주라는 그분의 마지막 명령은 초기 기독교 공동체에서 중요한 본이요 명령이었다.[54] 결과적으로 교회가 탄생한 오순절 직후부터 새로운 신자들은 그리스도와 내적으로 연합했다는 외적인 표시로 물로 세례를 받았다. 신약성경에 기록된 세례

---

53. 마 9:10-11, 눅 15:1-2, 고전 5:9-11
54. 마 3:13-17, 28:18-20

는 사적으로든 공공연하게든, 크고 작은 그룹에서 수행했으며 오직 믿는 자들을 위해서만 베풀었다. 그리고 그리스도를 진정으로 믿는 믿음의 표시가 나타난 직후에 행한 것으로 보인다.[55] 따라서 교회 모임에 초대된 비그리스도인이 믿음을 가졌을 때 그 모임이 계속되는 한 세례도 계속되었을 것이다. 하지만 그에 대한 명백한 기록은 남아 있지 않다.

누가 세례 예식을 집행할 수 있었는가? 사도들의 설교를 통해 새로운 회심자가 생겼을 때 사도들이 세례를 행했다. 하지만 이 문제에 대한 성경의 명백한 명령은 없다. 사실 성경은 어떤 신자라도 새로운 회심자에게 합법적으로 세례를 줄 수 있음을 보여주는 것 같다. 예를 들어, 빌립은 많은 사람들과 함께 길가에서 에티오피아 사람에게 세례를 주었다.[56] 빌립은 열두 사도 중 한 명도 아니었고 사도직을 가진 사역자도 아니며 장로도 아니었다. 그는 단순히 예루살렘 교회가 처한 물질적인 임무를 수행할 자로 (스데반과 함께) 피택된 집사 중 하나였다.[57] 비슷한 예로 세례 요한은 어떤 권위자나 종교

---

55. 행 2:36-41, 8:4-17, 8:34-39, 9:17-19, 10:44-48, 16:13-15, 16:29-34, 18:7-8, 고전 1:14-16; 유아세례에 대해 논쟁하는 사람들은 한 '가정'이 구원받고 세례 받을 때(행 11:11-17, 16:15, 16:31-34, 18:8; 고전 1:16, 16:15) 유아들도 포함된다고 간주하며 성경에서 근거를 찾고자 한다. 그러나 이런 사건의 경우, 성경은 직접 유아를 언급하지 않으므로 막연한 성경구절에 근거한 논쟁일 뿐이다. 성경은 자발적이고, 성인에 대한, 믿는 자들의 세례를 압도적으로 증거하고 있다.
56. 행 8:4-13, 8:34-39
57. 행 6:1-6

단체로부터 세례를 줄 수 있는 권한을 위임받지 않았다. 그러나 예수님은 그에게 세례를 받으시고, 바리새인들과 논쟁하는 중에 요한의 세례를 지지함으로써 그의 세례 행위를 인정하셨다.[58] 지역 교회 지도자들은 항상 세례식을 직접 집례하지는 않았지만 종종 함께했을 것이다.

관계적 요소 : '서로' 그리고 '각자'
예수님은 그리스도인들이 서로 사랑하는 것을 보여준다면 세상이 진정으로 그분의 제자들로 인정할 것이라고 말씀하셨다.[59] 이는 공동체를 함께 만들어가고, 공동생활을 이루며 서로의 삶을 통한 나눔에 참여하는 것을 의미한다.

초기교회는 이런 것들을 중요하게 여겼으며, 신약성경의 저자들은 수십 차례 '서로', '각자'라는 말을 사용하면서 그리스도를 따르는 사람들이 다양한 방식으로 서로 실제적인 사랑을 표현하도록 격려했다. 그것은 교회 모임에 있어 전적인 요소는 아니었지만, 가정교회가 모일 때는 분명히 그들을 떠받치고 있는 관계적 힘이 느껴졌을 것이며, 주의 깊은 방문자라면 즉시로 그러한 특징을 목격할 수 있었을 것이다. '서로' 그리고 '각자'라는 구절은 상호 환대, 조언, 일치, 세움, 긍휼, 관심, 고백, 헌신, 격려, 사귐, 용서, 문안, 화합, 존경, 동정,

---

58. 마 21:23-27
59. 요 13:35

교훈, 친절, 사랑, 화평, 기도, 섬김, 복종, 그리고 인내와 같은 부분들에 폭넓게 적용되었다.[60]

사도들은 '서로' 하지 말아야 할 것에 대해서도 교훈을 주었다. 예를 들면 속임, 질투, 불평, 판단, 성냄, 그리고 비방 같은 것들이다.[61] 이러한 요소들은 단지 이론적인 토론의 대상이나 그렇게 됐으면 좋겠다는 이상을 말한 것이 아니라 신자들의 일상에서 서로에게 뚜렷하게 드러나는 특징이 되어야 했다.

사도들은 성도들이 계속 이것을 생각하게 하는 것이 중요한 일임을 잘 알았다. 신약의 가정교회는 특성상 소규모 사람들의 친밀한 모임이었고 따라서 갈등하고 분리될 가능성이 높았기 때문이다. 반대로 말하면, 사도들은 서로의 진정한 변화를 추구하는 깊은 우정은 오로지 그러한 친밀한 모임 속에서만 이루어질 수 있다는 것을 알았다. 그들이 초기 기독교 공동체를 가정교회 형태로 유지하고자 노력한 이유가 바로 여기에 있을 것이다.

복음 증거의 요소 : 비그리스도인들이 방문할 때

위에서 설명한 것처럼 대부분의 초기 그리스도인들은 일반적으로

---

60. 롬 12:10, 12:16, 15:7, 15:14, 16:16; 고전 1:10, 12:25, 16:20; 고후 13:12: 갈 5:13; 엡 4:2, 4:32, 5:21; 빌 4:2; 골 3:13, 3:16; 살전 3:12, 4:9,18, 5:11,13,15,25; 살후 1:3; 히 3:13, 10:24, 13:1; 약 4:11, 5:16; 벧전 1:22, 3:8, 4:7-11, 5:5,14; 요일 1:7, 3:11,23, 4:7,12; 요이 1:5
61. 갈 5:26; 골 3:9; 약 4:11, 5:9

공공장소에서 복음을 전파했다. 이것은 신자들만 가정교회 형태로 모였던 것과는 구분되는 부분이다. 그렇지만 반드시 그런 것만은 아니었다. 호기심을 가진 친구들이나 이웃이 방문한다면 가정교회에서도 그들에게 복음을 전했다. 바울이 고린도 교인들에게 말한 것을 보면, 방문자가 왔을 때는 그리스도의 말씀을 지식적으로 이해할 수 있도록 대화해야 한다고 강조했다.[62] 구체적으로 바울은 방언의 은사를 자제하도록 권했는데 이는 메시지를 해석하는 사람이 없으면 알아들을 수 없기 때문이다. 진리를 찾는 사람들이 그리스도께 삶을 맡기도록 하는 데는 예언이 더욱 의미 있는 도구라고 했다. 바울의 이러한 언급을 보면 가정교회 내에서도 때때로 복음을 전할 기회가 생긴 것을 추측해볼 수 있다. 방문자가 처음으로 하나님을 만나는 회심 사건이 일어날 때 그것은 모두에게 깊은 감동이 되었을 것이다.

교회에서의 모임은 아니지만 다른 비슷한 예로 사도 베드로가 로마 장교 고넬료의 집을 방문한 것을 들 수 있다. 하나님이 그의 기도를 들으신 것이다.[63] 당시 사회적인 지위와 영향력을 가지고 있던 고넬료는 사도들의 방문에 맞추어 많은 친구들을 집으로 초대했다. 베드로가 메시지를 다 전하기도 전에, 성령께서 그곳에 모인 자들에게 임하셨고 그들은 방언을 말하며 하나님을 찬송했다. 이 후에 그

---

62. 고전 14:22-25
63. 행 10:1-48

들은 모두 세례를 받았다. 신생 가정교회의 요청으로 베드로는 며칠을 더 머무르며 그들이 다음에 할 일을 가르쳐주었다. 고넬료와 절친했던 사람들이 하나님을 극적으로 만났으므로, 그들은 아마도 또 다른 회심이 일어날 것을 기대하며 가족이나 사회적으로 관계가 가까운 사람들을 교회 모임에 초대했을 것이다.

물질적 요소 : 부를 공유함

어떤 시대나 마찬가지로 초기교회의 성도들도 매일의 삶 속에서 물질적 어려움과 경제적인 결단이 요구되는 도전을 헤쳐나가야 했다. 그리스도와 사도들은, 강요에 의해서가 아니라 자발적이며 기쁜 마음으로 관대하게 드리는 것을 원칙으로 삼았다.[64] 초기교회 성도들은 자신의 재정을 어디에 집중했는가? 분명한 사실은 전용 건물이나 고비용의 프로그램에 자신들의 재정을 집중적으로 투입하지 않았다는 점이다. 초기교회는 두 그룹의 사람 즉 가난한 사람들과 순회 사역을 하는 사도 및 성도들에게 대부분의 돈을 주었다. 순회 사역자나 지역 신자들에 대한 재정적 지원은 이후에 다시 논의할 것이다. 따라서 여기서는 지역적 가난과 세계적인 가난의 문제에 대해 교회가 어떤 노력을 기울였는지를 살펴볼 것이다.

지역적 필요. 1세기 성도들에게 있어 지역적인 가난을 해결하는 것

---

64. 막 12:41-44; 고후 9:6-8

은 매우 중요한 문제였다. 많은 사람들에게 물질적 도움이 절실히 필요했기 때문이다.

오순절 사건 이후 초창기 예루살렘 교회는 갑자기 3,000명이 넘는 신자들로 불어난 기독교 공동체의 필요를 채워야만 했다. 지중해 전역에서 이런 많은 수의 사람들이 새로운 영적 가족으로 합류하기 위해 모여들었으며 이들은 예루살렘에 머무를 생각이었다. 사도들에게는 발등에 불이 떨어졌고 그들의 말씀 선포로 인한 결과를 감당해야만 했다. 이러한 상황에 대한 해결책은 모든 사람의 소유물을 공동체 안으로 가져와 각 사람의 물질적 필요를 채우는 것이었고, 순회 사역을 하는 사도들이나 지역 지도자들이 이 물질들을 모았을 것이다. 이런 방법은 아주 효과적이었던 것 같다.[65] 몇몇 교회에는 그 지역에 친척도 없는 과부가 있었는데 기독교 공동체가 그들을 보살펴주었다.[66]

세계적 필요. 신자들은 자신들의 교회의 필요에만 관심을 가진 것이 아니라 세계 다른 지역의 형제자매들의 처지에도 관심을 가졌다. 예를 들면, 오순절 사건이 지나고 몇 년 후 예루살렘 교회는 그다지 많은 성장이 없었는데 이것은 이 시기에 세계 각지에서 발생했던 기근 때문으로 보인다. 결과적으로, 사도 베드로, 야고보, 그리고 요한

---

65. 행 2:43-45, 4:32-35
66. 딤전 5:3,9,16

은 예루살렘 교회의 고통을 덜기 위해 이방인 교회에서 기금을 마련하는 계획을 담당하도록 사도 바울과 바나나에게 임무를 맡겼다. 바울은 고린도와 갈라디아 사람들에게 그가 갈 때까지 각자 형편에 따라 매주 일정 금액을 따로 떼어놓게 함으로써 급하게 물질을 걷을 필요가 없도록 했다. 그 지역의 가정교회 장로들이 매주 모임에서 이러한 헌금을 모았고 바울과 바나바가 왔을 때 그들에게 전달했다.[67]

시간적 요소 : 날, 시간, 그리고 모임의 길이

또 다른 관심은 초기교회의 시간적 특성이다. 날을 정하거나 시간 그리고 모임의 길이를 정할 때 주로 어떤 기준을 적용했을까?

이에 대한 몇 가지 사례가 있는데 그들은 그리스도의 부활을 기념하기 위해 주의 첫 날 즉 일요일에 모여 서로 떡을 나누며 갖는 모임을 선호했다.[68] 그러나 바울은 함께한 공동체에게 주중의 어떤 한 날을 다른 날보다 신성시 하는 것에 너무 집착하지 말 것을 청한다.[69] 따라서 초기교회는 상황에 따라 아침이든 저녁이든 그리고 주중의 어떤 날이든 자유롭게 모이고 흩어졌던 것으로 보인다.[70]

---

67. 행 11:27-30, 롬 15:25-28, 고전 16:1-4, 고후 9:1-15, 갈 2:1, 9-10
68. 눅 24:1-7; 행 20:7-11; 고전 16:2
69. 롬 14:4-6, 갈 4:8-11, 골 2:16-17
70. 행 1:12-14, 2:46-47, 5:42, 6:1, 16:5; 히 3:13

교회 모임의 시간적 길이에 대하여는 분명한 사례가 없다. 모임은 끝나는 시간이 자유로웠거나, 바울이 가정교회를 방문하여 동이 틀 때까지 밤새도록 토론을 한 경우처럼 길었을 수도 있다.[71] 비슷한 경우로 헤롯이 베드로를 체포했을 때, 예루살렘의 성도들은 각자의 가정교회에 모여 그의 석방을 위해 밤새도록 기도했다.[72] 모임 시간에 대한 일반적인 규정은 그때의 특정한 필요에 달려 있었다.

사회적 요소 : 가정교회의 크기에 관하여
개인적 경험과 사회학적 연구에 의하면 모임의 크기는 회원들 사이의 관계와 그룹의 역동성, 그리고 배움의 과정에 영향을 미친다. 따라서 1세기 가정교회에 있어 모임의 크기에 대한 사회적 요소에 대해 이해할 필요가 있다.

먼저 전형적인 1세기 가정교회에 참여한 사람들이 몇 명 정도였는지에 대한 기록이 있는지 보도록 하자. 불행히도 성도들의 지역 모임 크기에 대해 신약성경에서 직접적으로 언급한 것은 그리 많지 않고 또한 사도들의 직접적인 명령도 없다. 그러나 몇 가지 단서들은 검토해볼 만하다.

예수님과 열두 제자들의 작은 모임이 하나의 본보기가 될 수 있

---

71. 행 20:7-11
72. 행 12:11-17

다.[73] 바울이 세운 교회의 방식을 따른 가정교회는 아니었지만, 이 모임은 자연스럽게 사도들이 세운 믿음 공동체를 위한 본보기가 되었다. 그리스도와 제자들은 함께 유월절을 기념하기 위해 '큰 다락방'이 있는 가정에 소그룹으로 모였다.[74] 이렇게 친밀한 장소는 그들 사이의 강렬한 상호교감을 위한 이상적인 곳이었다. 이곳에서 발을 씻기고 음식을 나누며, 예수님의 임박한 체포와 죽음에 앞서 성찬에 참여하고, 찬송을 불렀으며, 배반과 부인에 관한 마음 아픈 대화가 오갔던 것이다.[75]

그리스도인들의 전형적인 모임의 크기에 대한 다른 단서는 유월절 직전의 장면에서 발견할 수 있다.[76] 열두 제자와 120명의 제자들이 예루살렘의 어느 집 다락방에 모여 기도에 전념했다.

좀 더 깊은 고찰을 위해 베드로가 로마 장교 고넬료의 가정을 방문했을 때를 보자. 그곳에는 베드로의 메시지를 듣고자 큰 무리의 사람들이 모여 있었다.[77] 이곳에 모인 사람들이 모두 그날에 그리스도를 따르는 사람들이 되었기 때문에 우리는 이 '큰 무리'들이 새롭게 세워진 가정교회로 계속 함께 모였을 것이라고 추측할 수 있다.

이처럼 성경이 전하는 정보는 충분하진 않지만 다행히 평균 가정

---

73. 막 3:13-19
74. 막 14:13-15
75. 막 14:17-26, 요 13:1-38
76. 행 1:13-15
77. 행 10:19-27

의 실제 크기를 알려주는 고고학적인 증거가 있다. 1세기의 가정교회는 최대 30명에서 35명의 사람을 충분하게 수용할 수 있었다.[78] 따라서 아마 30명 내외의 사람들이 모이면 큰 교회 하나가 형성되었을 것이다. 대부분의 가정교회는 이보다 작았을 것이며 따라서 예수님의 열두 제자들의 모임을 연상시켰을 것이다.

이러한 규모의 가정교회는 보다 역동적이었으며 가깝고도 사적인 가정의 분위기를 유지했을 뿐 아니라, 모든 사람은 서로를 잘 알게 되어 좀 더 친밀한 관계에서 서로 영향을 주고받는 기회를 가질 수 있었다.

초기교회의 지도력은 어떠했는가?

신약성경은 인간 지도자에게 맡겨진 분명한 역할이 무엇인지 보여준다. 운동을 이끌어가기 위해 초기교회는 지역 지도자와 순회 지도자라는 두 가지 형태를 주로 활용했다.[79]

지역 지도자
사도적 순회 사역자들은 지역 현지인들 중에 지도자들을 세워 지역

---

78. Del Birkey, *The House Church*, p.55.
79. 〈부록 3〉 참조.

교회에 대한 책임을 지도록 했다. 신약성경은 이러한 지역 지도자들을 가리키는 용어로 '장로'(헬라어 프레스비테로스presbuteros, '연장자'), '감독'(헬라어 에피스코포스episkopos, '보살피는 자'), 그리고 '목자'(헬라어 포이겐 poimen, '양치기')를 사용한다. 지역 지도자에 대한 이러한 용어들은 동일한 의미를 갖고 있으며 교차 사용될 수 있다(연장자=장로=감독=목자=양치기).[80] 오늘날 우리가 알고 있는 이 용어들 사이의 구분은 성경에 나타난 가르침이라기보다는, 역사적인 흐름에 따라 형성된 지도자들 사이의 위계구조로 인한 것이다.[81] 이 용어들은 한 인물의 서로 다른 역할을 언급하기 위해 사용된다. 따라서 지역 가정교회의 주요 지도자들은 '연장자'들이었다고 말할 수 있다.

역할. 장로들의 역할은 지역적이고 지속적이었다. 그들은 주된 영적 양육자였고 교사와 지역 성도 공동체의 지도자였다. 어떤 사람이 병들어 아프면 기도해주기 위해 장로를 불렀다.[82] 어떤 사람이 성

---

80. 행 14:23, 20:17,28; 엡 4:11; 빌 1:1; 딤전 3:1-7; 딛 1:5-9; 약 5:14; 벧전 5:1-3. 신약시대 지역 지도자에 대한 보다 학문적인 논의는 다음 책을 참조하라. Gerald Cowen, *Who Rules the Church?*, Nashville, Tennessee, USA: Broadman and Holman Publishers, 2003.
81. 안디옥 교회의 초대 교부 이그나티우스(기원후 100년)는 "에베소 서신"에서 '감독/목자'로서의 리더와 그를 돕는 '연장자/장로'라는 비성경적인 구분을 사용하기 시작했다. *Letters of Ignatius to the Ephesians, Magnesians, Trallians, Romans, Philadelphians, and Smyrnaeans.*
82. 약 5:14

경 해석에 대해 도움이 필요하면 그들이 참여했다.[83] 교회의 전략적 방향에 영향을 주는 중요한 결정을 내릴 때 그들은 그 과정에서 중추 역할을 담당했다.[84] 때때로 지역 지도자들은 '집사'라고 불렸는데, 이는 '종'이나 '사역자'라는 의미다(헬라어 디아코노스diakonos). 집사들은 장로들의 교회 일처리를 도왔으며, 특히 재정이나 물질적인 필요에 관한 문제를 다루었다.[85] 이들은 부모가 가정을 이끌어가는 것처럼 명령적인 태도가 아닌, 겸손과 사랑을 지닌 태도와 열심으로 교회를 이끌어갔다.[86] 히브리서 저자는 그리스도인들이 지도자들에게 '순종'(헬라어 페이토peitho, '설득되다 또는 납득되다')하며 '복종'(헬라어 후페이코hupeiko, '양보하다 또는 주다')하도록 격려하고 있다.[87] 하지만 이것은 지도자들에게 무분별하게 맹종하라는 의미가 아니라 어려움이 있을 때 지도자들과 함께 스스로 헤쳐나가라는 의미다. 장로들과 집사들은 모든 성도가 참여하여 다양한 의사결정을 내리는 과정에서 자연스럽게 권위를 인정받았다.[88]

조직. 바울은 각 교회와 도시에 장로를 세우는 일에 관심을 두었

---

83. 딤전 3:2, 5:17; 딛 1:9-11
84. 행 15:2-6,22
85. 행 6:1-6; 딤전 3:8-10
86. 마 20:25-28; 살전 5:12-13; 벧전 5:3; 히 13:7
87. 히 13:17
88. 마 18:15-17; 행 15:22

다.[89] 장로들이 정확히 어떻게 분포되었는지에 대해서는 확실하지 않는데, '교회'가 단독의 가정교회를 언급한 것일 수도 있고[90] 도시 단위의 교회[91] 또는 지역 단위의 교회[92]를 지칭한 것일 수도 있기 때문이다. 그러나 증거에 따르면 초기 기독교 가정교회의 문화적, 종교적 배경이 되었던 1세기의 유대 회당 시스템에서는 한 팀의 장로들이 각 지역 회당에 대한 책임을 졌다.[93] 성경의 기록도 이와 비슷하게 한 개인보다는 다수의 장로들[94]이 팀을 이루어 기독교 공동체를 감독했음을 보여준다. 따라서 장로의 자격을 가진 사람들이 있었다면 각 가정교회는 장로들로 구성된 소모임이 있었을 것이다. 또한 그들은 가정교회의 네트워크를 관리하는 좀 더 큰 지역 단위 팀의 일원이었을 것이다. 어떤 특정한 장로 한두 명을 '선임' 장로나 '지도' 장로, 혹은 '관할' 장로 등의 이름으로 다른 장로들 위에 놓는 피라미드식 체계는 초기교회에서는 낯선 개념이었다. 반면에 집사들은 필요에 따라 빈자리를 채우는 역할을 담당했다. 이런 사실은 에베소와 빌립보에 있는 장로와 집사들에 대해 바울과 디모데가 토론한

---

89. 행 14:23; 딛 1:5
90. 롬 16:1-5; 고전 16:19
91. 행 8:1, 11:26; 고전 1:2; 고후 1:1; 살전 1:1; 살후 1:1
92. 행 9:31
93. Richard Ascough, *What are they saying the Formation of Pauline Churches?*, New Jersey: Paulist Press, 1988, p.13. 또한 각 지역 회당에서 복수적 지도력을 보여주는 막 5:22, 눅 7:1-5 그리고 행 13:15 을 참조하라.
94. 행 11:30, 14:23, 15:2-6,22, 16:4, 20:17, 21:18; 딤전 4:14, 5:17; 약 5:14; 벧전 5:1

내용에 암시되어 있는데 디도가 그레데의 교회를 양육하고 있을 때는 단지 장로들만 언급했기 때문이다.[95]

자격. 바울은 동료 사역자들인 디모데와 디도에게 편지하면서 장로와 집사의 자격에 대해 언급했다.[96] 그는 장로와 집사들에게는 도덕적 순결과 기본 관리능력이 반드시 필요하다고 역설한다. 장로들에게는 필요하다면 가르치는 능력도 있어야 했다. 바울은 사역자들이 이런 부분에서 분명하지 못하거나 최근에 회심해서 검증이 안 된 사람이라면 이것이 성도들의 영적 성장을 저해할 수 있고 그리스도를 따르려는 비그리스도인들에게 잠재적인 장애물로 작용할 것으로 보았다. 지역 교회를 인도하려는 열망을 가진 사람이라면 인격과 역량 모두가 분명히 드러나야 했다.

훈련. 성경은 지역 지도자들의 정확한 훈련방식에 대해 명백히 얘기하지 않지만, 그래도 성경을 통해 유추해볼 수 있는 몇 가지 예를 들면 다음과 같다.

첫째, 사도들이 직접 지도자를 선택하고 훈련했다. 이러한 경우는 특히 첫 세대 지도자가 새로운 교회를 시작하는 경우였다. 바울은 최소한 다섯 가지 사례에서, 지역 교회가 건강하고 강하게 될 때

---

95. 빌 1:1; 딤전 3:1,8; 딛 1:5
96. 딤전 3:1-13; 딛 1:5-9

까지 1년 반에서 3년 동안 그 지역에 머무르며 장로를 세우고 교회를 섬겼다.[97] 때로는 장로들만 따로 불러모아 지도자들과 관련된 의제를 논의하기도 했다.[98] 또한 바울은 경험 많은 사도로서, 디모데와 디도 같은 젊은 동역자들에게 장로와 집사를 임명하는 책임을 주기도 했다.[99]

둘째, 제자도를 계승하려는 정신이 분명했다. 바울은 단지 신자들을 많이 회심시키고 많은 일을 하는 데만 초점을 맞추지 않고 디모데 같은 젊은 동역자들을 능력 있는 지도자로 키우고, 그들이 또한 충성된 자들과 다음 세대를 길러내는 일을 사역의 목표로 삼게 했다.[100] 바울이 단지 교회가 정착될 때까지만 일시적으로 그 교회에 사도로 참여했다는 사실은 매우 주목할 만하다. 지도자의 후속 세대는 그 지역에서 스스로 훈련하고 임명했던 것이다.

셋째, 견습생 모델을 통해 친밀하고 개인적인 훈련이 이루어졌다. 지역 지도자들을 준비시키는 과정은 사도적인 사역자들의 본을 통해 배우며 옆에서 따라하는 실질적 현장 경험 위주로 구성되었다.[101]

책무. 만일 장로가 심각한 잘못을 저지르게 되면, 그 교회의 사역

---

97. 행 18:11, 19:10, 20:31, 24:27, 28:30
98. 행 20:17
99. 딤전 3:1-13; 딤후 2:2; 딛 1:5-9
100. 딤후 2:2
101. 살전 2:5-10

자나 또 다른 지역 장로가 그 문제를 지적할 의무가 있었다. 그러나 이런 조치는 오로지 두세 사람의 증거가 제시된 후에만 취해질 수 있었다.[102] 잘 알려진 예는 지역 장로인 디오드레베가 사적인 명성과 권력을 추구하고 순회 사역자들과 함께 일하지 않으려 했던 경우다.[103] 몇 사람들이 문제를 확인한 후에 지역 장로였던 사도 요한이 이 문제를 해결하고자 개인적인 방문을 계획했다.

재정적 지원. 초기교회에서 지역 지도자를 재정적으로 지원하는 부분이 있었는가? 신약성경에는 1세기에 사례를 받는 지역 장로가 있었음을 암시하는 구절이 하나 있다. 바울이 에베소 도시에 있는 장로에 관해 동역자 디모데에게 편지하면서 장로들은 그들의 노고에 대해 "두 배의 존경"을 받아 마땅하다고 했다. 곡식을 밟아 떠는 소의 입에 재갈을 물리지 말아야 하듯 일꾼이 그 삯을 받는 것이 당연하기 때문이다.[104] 하지만 이것은 정규적인 월급을 말한 것은 아니다. 다음과 같은 네 가지 이유를 보자.

첫째, 이 구절에 사용된 '존경'(헬라어 티메time)은 신약성경 다른 곳에서 40번 넘게 사용되고 있는데 '존경' 또는 '가치'의 뜻이 있지만 재정과 관련된 의미는 없다. 임금이나 급료 그리고 월급의 의미를

---

102. 딤전 5:19
103. 요삼
104. 딤전 5:17-18

가진 단어(헬라어 미스토스misthos)는 신약성경에 38번 사용되지만 "두 배의 존경"이라는 구절에서는 나타나지 않는다.[105]

둘째, 바울이 에베소에 있는 지역 장로들을 방문했을 때 그는 자신의 본을 따라 물질적 필요를 스스로 해결하기 위해 열심히 일하라고 격려했다.[106] 장로들은 교회에 재정적으로 도움을 주어야 했지, 뭔가를 취해서는 안 되었다. 만일 바울이 어떤 경우에는 장로들에게 전임의 사례를 주라고 권하고 다른 경우에는 그렇게 하지 말라고 했다면 중대한 모순이 될 것이다.

셋째, 초기 기독교 가정교회의 발판이 되었던 1세기 유대인 회당 구조에서 유대 사회의 영적 문제들을 관리하는 장로들[팀]은 엄격히 자발적으로, 무보수로 일을 했다.[107] 바울이 가정교회를 조직하는 데 있어 이러한 상황들이 적지 않은 영향을 미쳤을 것이다.

넷째, 초기 가정교회에서는 유급 지역 장로들을 고용할 실제적인 이유가 전혀 없었다. 3-4명의 작은 팀으로 구성된 자발적인 장로들은 회원 수가 30명을 넘지 않는 신약의 가정교회에서는 쉽게 구성

---

105. 헬라어 time가 의사에게 지급하는 사례금을 의미하는 경우가 한 건 있다. 하지만 이런 예는 BC 3세기 비종교적인 그리스 문헌에서 사용된 것이며 용례도 드물다. 바울의 글이 쓰일 당시의 상황에서는 이런 뜻으로 사용된 적이 없다. 다음을 보라. Steve Atkerson, "Should pastors and missionaries be salaried?", New Testament Restoration Foundation, www.ntrf.org

106. 행 20:33-35

107. R.C.H. Lenski, *The Interpretation of Paul's Epistles to the Thessalonians, to Titus, and to Philemon*, Columbus, Ohio, USA: Wartburg Press, 1946, p.683.

될 수 있었고 그들이 공동체로부터 재정적 지원을 받아야 할 필요는 없었다.

따라서, "두 배의 존경"이라는 구절에는 재정적 지원이라는 의미가 전혀 들어 있지 않고 대신 장로들이 봉사하고 지도하는 사람들로부터 정당하게 받는 높은 존경, 감사, 그리고 칭찬 같은 보상을 의미하는 것임이 분명하다.[108] 물론 만일 장로가 개인적으로 재정적인 어려움이 있거나 가정교회가 그들에게 특별한 선물을 주고자 원한다면 자유롭게 그렇게 할 수 있었을 것이다.[109] 따라서 지역 교회의 장로들은 교회의 다른 사람들과 마찬가지로 자발적으로 일을 하는 사람들이었다.

순회 지도자

초기교회에는 여러 지역을 다니며 교회를 강화시키고 자라게 하는 순회 사역자들이 있었다. 1세기의 순회 일꾼들은 주로 사도들이었다(헬라어 아포스톨로스apostolos는 보냄을 받은 자, 사절, 외교관, 또는 전령이라는 뜻이다).

역할. 장로와 집사들의 역할이 장기적이고 지역적이었던 데 반해 사도들의 임무는 일시적이고 포괄적이었다. 그들은 새로운 도시

---

108. 좋은 병행구절이 살전 5:12-13 이다.
109. 갈 6:6

나 지역에 영적 기초를 놓는 건축가들이었다. 핵심적으로 보면 사도들은 미개척 지역에 새로운 제자 공동체를 설립하고 스스로 자립할 수 있게 하면서 필요할 때마다 가르침을 주었다. 그들은 메시지를 전하고, 회심자들을 가정으로 모았으며, 자신들이 떠난 후 교회를 인도할 자격이 있는 지역 지도자들을 임명했다. 그들은 또한 교회에 활력을 주고 그들을 가르치기 위해 이곳저곳을 돌아다니다 다시 교회로 돌아왔다. 바울은 다섯 번 정도는 몇 년 동안 머물렀지만,[110] 상황이 위급했던 경우에는 몇 주 내지 몇 달 정도만 머물렀다.[111] 성경에는 바울처럼 여러 지역을 순회하며 생활했던 사람들이 적어도 15명은 존재한다.[112]

이동을 그렇게 많이 하지 않으면서 더 넓은 지역이나 많은 사람들을 책임진 야고보처럼 사역한 이들도 있다. 야고보는 예루살렘에 머물렀던 것으로 보이고, 요한은 교회를 지역 네트워크로 돌보았으며, 베드로는 유월절 직후 예루살렘 교회를 지도하면서 새로운 교회나 기존 교회에 힘을 주기 위해 잠깐씩 여러 교회를 방문했다.[113] 그들은 순회 사도 및 지역 장로의 임무를 함께 수행했다.[114]

---

110. 행 18:11, 19:10, 20:31, 24:27, 28:30
111. 행 16:12, 18:23, 19:8, 20:6, 21:4, 21:27
112. 행 15:30-16:12, 20:1-5, 고전 4:14-17; 빌 2:25, 4:3; 살전 1:1; 딤후 4:10
113. 행 8:14-25; 11:19-23; 21:17-18; 갈 1:18-19, 2:1,9-12; 요삼; 계 1:9-11
114. 벧전 1:1, 5:1; 요이 1:1, 요삼 1:1

조직. 지역 장로들이 지도력을 공유했던 것과는 달리 사도들이 참여했던 순회 지도자 팀에는 다른 이들보다 다소 영향력이 큰 한두 명이 있었던 것으로 보인다. 예를 들면, 택함 받은 열두 사도 중에 특별히 예수님은 베드로에게 지도력을 넘겨주셨다.[115] 다른 사도들은 예수님과 그정도로 친밀한 관계를 갖지는 못했다. 오순절이 지난 후 처음 며칠 동안 베드로는 주요 대변인, 권위자 그리고 예루살렘 교회의 책임자로 자처했다.[116] 바울은 사도들 중에서 낮은 자처럼 일했지만, 그는 모임에서 보다 영향력 있는 회원 대우를 받았다. 바울의 이름은 그와 동료들이 교회에 보내는 모든 서신에서 맨 처음에 등장했다.[117] 그는 또한 젊은 동역자들을 보내고 돌아오게 하는 것과 그들의 임무 등을 지도했다.[118] 이방인 세계에서 복음을 전하는 그리스도인들이 있었지만, 예루살렘의 사도들은 바울을 이방인의 사도 중 으뜸으로 여겼다.[119] 사도들 사이에서 이처럼 한두 사람에게 지도력이 집중된 이유는 그들이 특정 지역 교회가 아니라 특별한 사명을 수행하는 팀이었기 때문이다. 이들 사이에서도 일종의 '교회'가 세워졌다고 말할 수는 있지만, 그것이 그들의 주된 목적이 아니었기에, 지역 지도자와 같은 방식으로 지도력이 구성될 필요는 없었다.

---

115. 요 21:15-17
116. 행 2:14, 37-40; 행 4:8, 5:3, 9:32, 10장
117. 고전 1:1; 고후 1:1; 갈 1:1-2; 빌 1:1; 골 1:1; 살전후 1:1
118. 행 16:9-10, 17:15, 19:22; 엡 6:22; 빌 2:19; 골 4:7-8; 딤전후; 딛
119. 갈 2:7-9

자격. 초기교회에서는 누가 합법적으로 사도가 될 수 있었는가? 두 가지 방법이 있었다. 예수님이 개인적으로 택하시고 훈련하셔서 보내신 사람들이거나, 부활하신 이후에 개인적으로 찾아오신 사람들이어야 했다. 그들은 초기교회의 교리와 실행에 있어 표준이 될 만큼 영적 비중이 있었으며, 신약 성경의 모든 책에 권위를 부여하고 확증했다. 최초의 열두 사도와 예수님의 형제 야고보, 바울 그리고 다른 몇 명이 여기에 해당된다.[120] 도덕적으로 흠이 없다는 평판은 사도가 되기 위한 필요충분조건은 아니었지만 필요한 요소임엔 분명했다.[121]

훈련. 그리스도는 앞서 언급한 지역 교회 장로들을 세울 때와 유사한 방식을 사용해 첫 번째 '보냄을 받은 자'들을 훈련하셨다. 예수님은 개인 지도, 제자훈련 및 도제 같은 원리들을 사용하셨다. 성경에는 그분의 제자훈련이 아주 생생하게 기록되어 있다. 예수님은 장차 사도가 될 제자들이 마을과 마을을 다니며 전도하도록 보내셨다. 그분이 알려주신 임무 매뉴얼을 보자.

> 그 후에 주께서 따로 칠십 인을 세우사 친히 가시려는 각 동네와 각 지역으로 둘씩 앞서 보내시며 이르시되 추수할 것은 많되 일꾼이 적으니

---

120. 막 3:13-19; 눅 6:13; 행 1:21-22; 롬 16:7; 고전 9:1, 15:3-9; 갈 1:18-19
121. 행 11:22-24; 살전 2:5-12; 딤후 3:10-11

그러므로 추수하는 주인에게 청하여 추수할 일꾼들을 보내 주소서 하라. 갈지어다. 내가 너희를 보냄이 어린 양을 이리 가운데로 보냄과 같도다. 전대나 배낭이나 신발을 가지지 말며 길에서 아무에게도 문안하지 말며 어느 집에 들어가든지 먼저 말하되 이 집이 평안할지어다 하라. 만일 평안을 받을 사람이 거기 있으면 너희의 평안이 그에게 머물 것이요 그렇지 않으면 너희에게로 돌아오리라. 그 집에 유하며 주는 것을 먹고 마시라 일꾼이 그 삯을 받는 것이 마땅하니라. 이 집에서 저 집으로 옮기지 말라. 어느 동네에 들어가든지 너희를 영접하거든 너희 앞에 차려놓는 것을 먹고 거기 있는 병자들을 고치고 또 말하기를 하나님의 나라가 너희에게 가까이 왔다 하라. 어느 동네에 들어가든지 너희를 영접하지 아니하거든 그 거리로 나와서 말하되 너희 동네에서 우리 발에 묻은 먼지도 너희에게 떨어버리노라. 그러나 하나님의 나라가 가까이 온 줄을 알라 하라(눅 10:1-11).

여기서 몇 가지 흥미로운 요소들이 나타난다. 첫째, 예수님은 서로의 책무와 지원을 위해 작은 팀으로 훈련생들을 조직했다. 둘째, 그들은 육체의 필요를 채우기 위해 하나님을 의지해야만 했다. 셋째, '평화의 사람(평안을 받을 사람)'을 찾은 경우에는 그들이 제공하는 호의를 기꺼이 받으며, 하나님이 자신들을 위해 예비한 것으로 간주했다. 넷째, 그들은 '평화의 사람'이 제공하는 그의 집을 임무를 수행할 전초기지로 삼고 그곳에 머물렀다. 다섯째, 예수님과 제자들은 일종의 순회 사역자로서, 그들의 임무는 지역 공동체 안에서 가정교회를 시작하는 것이었다. 여섯째, 그들이 전하는 메시지를 거부하는 지역에서는 오래 머무르지 않았고, 기꺼이 복음을 수용하려는 사람들을 찾아 다른 곳으로 이동했다. 베드로와 바울은 개인 사역자와 다른 순회 사역자들을 훈련하는 데 있어 이처럼 그리스도가 보여주신 단순하지만 강력한 방식을 모두 따랐다.[122]

책무. 사도적 순회 사역자들은 지역교회 및 지역 장로들에 대한 책임이 있었다. 예를 들면, 바울은 사도적 사명을 시작한 후 3년 뒤에, 몇 명의 사도들을 15일 동안 방문했다.[123] 몇 년 후에 바울은 그의 메시지와 교리에 대한 확신을 얻고 사명을 헛되이 하지 않기 위해 다시 예루살렘의 사도들과 장로들을 개인적으로 방문했다.[124] 다른 경우에 사도들은 공개적으로 논쟁을 벌이기도 했다. 바울과 베드로는 유대인이 아닌 회심자들을 그리스도인으로 인정하는 문제를 놓고 서로 다투었다.[125] 이 대화의 결과에 대해서는 기록되어 있지 않다. 비슷한 경우로 바울과 바나바가 방법론의 차이로 서로 부딪혔을 때 이들은 서로 갈라져 다른 길을 걸었다.[126]

---

122. 행 10:1-48, 16:9-15, 20:4; 딤후 2:2, 3:10-11; 딛 1:5
123. 갈 1:17-20
124. 행 15:1-6. 참조 갈 1:18-19; 갈 2:1-10
125. 갈 2:11-21
126. 행 15:36-41

재정 지원. 순회하는 사도적 지도자들을 지원하는 문제는 지역 교회 및 지역 사회의 빈곤 문제와 더불어 초기교회의 중요한 재정적 관심사였다. 거의 3년 동안 하나님 나라의 순회 사역자로 사셨던 예수님 자신이 그 첫 사례다. 그리스도를 따르며 그분의 물질적 필요를 채워주려 했던 여인들이 있었고, 모임의 회계원이었던 유다가 그러한 기부금을 관리했을 것이다.[127] 예수님은 팔레스타인 각 지방을 돌아다니면서 설교하고, 가르치며, 또한 병을 고치셨고 그로부터 비롯된 호의[128]에 따른 재정적인 지원을 종종 받으셨다.

예수님은 재정적 지원 문제에 대한 현장 체험을 위해 여러 마을로 70명의 제자들을 짝지어 보내셨다. 하나님 나라에 대한 메시지를 마음으로 받아들인 후 호의를 베푸는 사람들이 있다면 받아들이라고 하셨다.[129] 오순절 사건으로 교회가 세워진 후, 사도들은 자신들의 순회 사역에 대한 지원을 얻는 데 있어 예수님의 본을 따랐다. 베드로와 예수님의 형제 및 다른 대부분의 사도들은 지역을 순회할 때 물질적 도움을 받았다. 바울과 바나바는 그런 도움이 정당하다고 인식했지만, 다른 한편으로 자신들 및 동료들의 필요를 위해 기꺼이 생업에 종사했다. 그들은 돈을 바라고 사역한다는 비난을 받지 않기 위해 그렇게 했지만, 경우에 따라 교회가 진정으로 그들을

---

127. 마 27:55-56; 요 12:4-6, 13:29
128. 마 8:14-15, 9:9-10; 눅 7:36, 10:38-42, 19:2-6
129. 눅 10:1-11

섬기고자 한다면 재정적 지원을 마다하지 않았다.[130]

마지막으로, 사도적인 순회 사역자들을 위한 재정 지원은 계획된 방문의 경우, 지역 가정교회 장로들에 의해 미리 모금되었으며, 가정교회를 일시적으로 또는 예고 없이 방문했을 경우에도 지원이 이루어졌다. 그리고 특정 사안을 바로잡기 위해 얼마 동안 지역 교회에 머무르는 사역자들을 위한 정기적인 지원이 이뤄지기도 했다.

초기교회는 어떻게 서로 연결되어 하나의 운동이 되었나?

초기교회는 드넓은 로마 제국 전역에 가정모임 단위로 흩어져 독자적으로 운영되었을까 아니면 교리적 정확성과 지속적 성장 그리고 분명한 비전을 유지하기 위해 그들 모두를 서로 묶는 일종의 접착제 같은 것이 있었을까? 그리스도의 몸이 하나인 것처럼 교회는 연합되어 있다는 사도들의 교리는 교회를 조직적으로나 관계적으로 한 몸으로 연결하려는 노력으로 이어졌다. 세계적인 운동이 되려면 단지 하나의 가정교회를 넘어서야만 했고, 하나님이 세계적으로 성취해가시는 역사와 이 안에서 그들의 역할에 대한 확실한 비전이 필요했다. 이러한 목적을 이루기 위해서는 이른바 순회 사역자들과 가정을 대상으로 한 사역, 그리고 도시 단위의 모임이라는 몇 가지 중요

---

130. 행 20:33-34, 고전 9:1-18, 빌 4:14-19

한 요소들이 필요했다.[131]

순회 사역자

초기교회에서 성장하는 가정교회 운동을 책임지고 감독했던 사도적 사역자들은 이른바 개별 방문과 서신이라는 두 가지 방법으로 사역했다. 이 두 가지 방법은 신자들을 가르치고 바로잡으며 격려하는 데 목적이 있었다. 뿐만 아니라 사도들은 개별 방문한 지역의 공공장소에서 비그리스도인들에게 다가가기 위해 설교와 병고침을 행했다. 그들은 사실상 순회 사역자들이었다.

사도들의 방문. 교회를 개별적으로 방문하는 것은 사도들이 일상적으로 수행하는 일이었다. 대표적인 예가 바울과 바나바가 중요한 서신을 예루살렘에서 안디옥으로 전달하기 위해 개인적으로 여행을 한 것이다.[132] 그들은 이 임무를 마친 다음에 전에 주의 말씀을 전했던 교회를 격려하기 위해 각 도시 방문계획을 세웠다.[133] 각 도시에서 그들이 무엇을 했는지는 분명하지 않지만, 바울이 에베소를 방문했을 때를 보면 몇 가지 단서가 있다. 바울은 거기서 에베소 전역의 교회 장로들을 소집하여 "유익한 것은 무엇이든지 공중 앞에서

---

131. 〈부록 3〉 참조.
132. 행 15:23-29
133. 행 15:36-41

나 각 집에서나"[134] 어떻게 그들을 가르쳤는지 상기시켰다. 사도들이 방문한 도시 및 가정교회 형태 모두에서 이러한 현상이 나타난다.

이러한 사역에 동참한 사람들로는 베드로, 요한, 그리고 바울과 같이한 몇 명의 동역자들이 있다.[135] 이러한 사역을 위해서는 개인적으로 큰 대가를 치러야 했다. 많은 경제적 비용과 노력이 필요할 뿐 아니라 1세기 당시 넓은 지역을 여행할 때 찾아오는 신변의 위험도 있었기 때문이다.[136] 이런 어려움에도 불구하고 이 사역을 감당했다는 것은 하나님이 그리스도의 몸을 위해 자신을 드리도록 부르셨다는 것과 이러한 예수 운동이 계속 확장되어 갈 것이라는 확신이 있었음을 보여준다.

사도들의 서신. 사도들이 방문에 따른 가르침을 보충하기 위해 서신을 통한 교제가 계속되었고 지역 교회 신자들에게 전달된 서신들이 신약성경의 절반 이상을 차지한다. 바울은 그의 서신을 읽는 독자들에게 다른 성도들에게도 전하여 같이 읽도록 했고, 그들이 정확한 복사본을 만들도록 권했다.[137] 사도들은 자신의 서신이 개별적으로 방문했을 때와 똑같은 권위를 가진 것이라는 사실을 주지시켰

---

134. 행 20:20
135. 행 8:14-25, 10:1-48, 18:24-27, 20:4-6; 고전 9:5; 벧전 5:1
136. 고후 11:26-28
137. 골 4:16

다.[138] 이런 서신 전달로 육체적인 위험은 줄었지만, 좀 더 교활하고 잠재적인 위험요소가 존재했는데, 이런 사역에 으레 따라오는 속임수였다. 사도 바울의 이름을 빌려 자신들의 특정 가르침을 그리스도인들에게 전파하고자 서신을 위조하는 개인이나 단체들의 시도가 분명 존재했다.[139]

가정 대 가정의 만남

자세한 언급은 없지만, 특정 도시나 지역에서 여러 가정교회들의 면대면 만남이 있었다는 것이 성경에 나온다. 예루살렘에 이런 역할을 하는 가정 대상 사역이 있었음을 얼핏 암시한다. 오순절 직후, 예루살렘 교회는 이미 수천 명이 넘는 교회가 되었다. 그들은 분명 "가정에서 가정으로" 서로 만나며 집에서 함께 떡을 떼고 먹었다. 이는 공동생활을 추구하는 사람들에게는 자연스러운 것이었다.[140] 여러 구절들을 보면 한 모임이 다른 모임을 방문하고, 수많은 가정교회가 모임을 위해 자신의 가정을 공개했으며, 개인들은 하나의 모임 이상에 참석했음을 알 수 있다. 이러한 모임이 어떻게 이루어졌는지는 자세히 알 수 없지만, 아마도 사도들의 별다른 지시 없이도 상황에 따라 결정되고 진행되었을 것이다. 성경에서 이를 뒷받침하는 강력한

---

138. 살후 2:15, 3:14
139. 살후 2:2
140. 행 2:46, 5:42

증거는 없지만, 이런 가정 대 가정의 만남은 한 가정씩 교대로 돌아가며 이루어졌을 가능성이 높다.

도시 단위 모임

기록을 보면 개인과 가정교회는 모두 범도시 교회의 일부로 여겨졌다. 유대인이나 이방인 그리스도인에게 있어 이러한 여러 가정교회의 도시 단위 모임은 그리스도인 됨과 다른 신자들과의 연합을 경험하는 방법이었다.

유대 그리스도인들은 주후 70년에 예루살렘 성전이 파괴되기 전까지는 가정 모임을 보충하여 성전에서 자주 함께 모였다.[141] 따라서 일정한 과도기 동안 최소한 예루살렘 교회는 신자들의 소모임과 대규모 집회를 겸하여 진행했다. 또한 토론이 필요한 논쟁거리가 생길 때마다 도시 전체로 모였다. 예를 들면 예루살렘의 모든 성도들은 그리스도인이 된 이방인들을 어떻게 대할지를 놓고 토론하기 위해 모였다. 기독교 신앙의 뿌리가 유대인에게 있었기 때문에 유대식 종교 관습을 따라야 하는가 아니면 그런 의무에서 자유로울 수 있는가? 이것이 사도들과 장로들 그리고 일정 부분에서는 교회 전체가 그 결정 과정에 참여하여 토론한 문제였다.[142]

유대지역 밖에 있는 이방인 교회는 가정교회 모임을 보충하기 위

---

141. 행 2:46, 5:42
142. 행 15:22

해 무엇을 했는가? 마을과 마을 사이에는 신자들이 서로 연결되어 있었으며, 바울은 한 도시나 지역의 모든 신자들을 한 몸으로 표현했다.[143] 이를 볼 때, 그들은 특정한 결정을 내리기 위해 때때로 광장이나 마을 언덕 또는 넓은 장소를 빌려 큰 규모로 모였을 것이다. 바울 같은 사도가 방문할 때는 개별적으로 각 가정교회를 찾기도 했지만, 복음을 전하거나 훈련을 위해 도시의 모든 장로들을 불러 모으기도 했다.[144]

도시 단위의 대규모 모임은 일상적인 가정 모임과는 달리 가끔씩 열리는 특별한 모임이었다. 모임의 주된 형태였던 가정교회와는 그 성격이 달랐다.

초기교회는 어떻게 성장했는가?

초기 그리스도인들은 그리스도를 알리기 위해 여러 다양한 방법을 사용했다. 그 중 네 가지를 들자면 공개 설교, 개별 대화, 능력의 나타남, 그리고 새로운 가정교회의 재생산이었다. 이것은 인간적인 지혜에 기초한 고비용의 조직화된 프로그램이 아니었으며, 오히려 자연스럽고 자발적이며, 열정적이고 기도로 충만하며 성령께서 인도하

---

143. 롬 1:7; 고전 1:2; 갈 1:1; 엡 1:1; 빌 1:1
144. 행 20:17-21

시는 방법이었다. 이러한 1세기의 일반적인 전도방식은 '언제 어디서나 누구에게든, 그리고 어떤 식으로든'이라는 말로 정리할 수 있다.

공개 설교

사도들의 일반적인 사역은 그리스도의 메시지를 공개적인 곳에서 구두로 선포하는 것이었다. 사도들은 이를 위해 강둑이나 회당, 예루살렘 성전 뜰, 솔로몬의 행각, 또는 시장 같이 시민들이 자연스럽게 모일 수 있는 장소를 도시 안에서 찾아낸 후 그리스도의 복음을 증거했다. 그들은 메시지를 전달할 때 듣는 사람의 눈높이에 맞추어 전달함으로 이질적으로 들리지 않도록 했다. 예를 들어 바울은 높은 수준의 교육을 받은 헬라인에게 접근할 때는 헬라인의 종교와 싯구를 연결점으로 사용해 이야기를 엮어나갔다.[145] 비슷하게 유대인 청중을 향해 말할 때는 수많은 구약성경의 예언들을 언급하면서 예수님이 그 예언들을 어떻게 성취하시며 그들이 그토록 기다리던 메시아가 되실 수 있는지를 설득시키려 했다.[146] 이런 상황에서 그리스도의 메시지를 듣고 긍정적으로 답하는 사람들은 누구라도 가정교회에 참석하도록 권하거나 (그곳에 가정교회가 없다면) 최초의 영적 교두보로서 자신들의 가정을 열도록 권면했다. 이와 같은 '평화의 사람'을 찾는 방식은 예수님이 처음으로 제시하신 것이며 베드로와 바

---

145. 행 17:16-28
146. 행 2:14-40, 7:1-54, 9:16-42, 17:2-3

울은 이 모델을 그대로 따랐다.[147]

개별 대화

신자들은 개별적인 필요가 있을 때마다 서로 대화하고 기도했다. 이것은 구체적인 계획에 따른 것이라기보다는 일상에서 일어나는 여러 어려운 일들에 대한 즉흥적인 반응이었고, 때로는 '삶으로 전하는 복음'으로도 불렸다. 예를 들어 길을 걸어가면서(빌립과 에티오피아 환관), 때로는 감옥에 갇힌 비참한 처지에서(바울과 빌립보 간수), 가정 방문 시(베드로와 고넬료, 아나니아와 바울), 또는 불신자가 가정교회 모임을 방문했을 때, 초기 그리스도인들은 이 모든 경우에서 자연스럽게 기회가 열릴 때마다 개별적인 대화를 통해 그리스도를 나눌 준비가 되어 있었다.[148]

능력의 나타남

이러한 공개 설교와 개별 대화의 끝에는 일반적으로 초자연적인 병 고침과 축사가 뒤따랐다. 오늘날 우리가 '능력의 나타남'이라고 부르는 것들이다. 하나님이 신자들을 통해 행하시는 이런 기적들로 인해 그리스도인들이 전하는 설교에 많은 사람들이 긍정적으로 반응했

---

147. 눅 9:1-6, 10:1-11; 행 2:1-3:26, 5:12-14, 6:9, 8:5-8, 9:20, 13:14-16, 14:1-7, 16:13-18, 17:1-5, 17, 18:4, 24-28, 19:8-10
148. 행 8:26-39, 9:1-20, 10:1-48, 16:25-34; 고전 14:24-25; 벧전 3:15

다.[149] 예루살렘에서 사도들의 손을 통해 수많은 병 고침과 기적적인 행사가 나타나자 심지어 이웃 도시에서도 큰 무리가 몰려든 것이 그 전형적인 예다. 어떤 사람들은 병든 자들을 길거리에 눕히고 베드로가 지날 때 그의 그림자라도 덮여 낫기를 바랐다. 결과적으로, 교회에 모여드는 사람들이 꾸준히 늘어갔다.[150]

새로운 가정교회의 재생산

명쾌하게 언급되지는 않았지만, 가정교회를 구성하는 성도들의 수가 증가하여 한 가정이 전부를 감당하기 어려워졌을 때 모임을 간단히 둘로 나누든지, 아니면 새로운 가정교회를 시작하도록 몇 명을 파송하는 것이 안전한 방법으로 여겨졌을 것이다. 특정 마을이나 도시(즉 예루살렘, 에베소 그리고 로마)에서 그리스도인 모임을 열었던 가정들이 많았다는 사실에서 이런 사실을 추론할 수 있다.[151] 1세기 교회는 결코 모임을 위해 어떤 부동산이나 건물을 소유한 적이 없기 때문이다.

---

149. 행 3:1-4:4, 8:5-13, 19:11-12, 28:1-10
150. 행 5:12-16
151. 행 2:46, 5:42, 20:20; 롬 16:3-5, 10, 11, 14, 15

사도들은 교회가 그들의 청사진을 따를 것을 기대했나?

이제 자연스럽게 대두되는 질문은 새로 시작하는 교회의 형태와 역할을 확립하고자 할 때, 사도들이 자신들의 권위가 어디까지 미칠 것이라고 보았는가 하는 데에 있다. 사도들은 그들이 세운 모델을 모든 교회의 표준으로 삼고자 했는가 아니면 단순한 선택사항으로 보았는가? 신자들은 그들이 원하는 방식대로 자유롭게 할 수 있었는가?

이를 알아보기 위해 바울이 고린도와 데살로니가 교회에 보낸 편지를 보자. 이들 교회는 바울이 직접 개척하고 사도로서 지도력을 발휘한 곳이다.[152] 여기에 인용한 몇몇 구절은 바울과 그의 동역자들이 교회 공동체에서 행하는 여러 관례들에 대해 어떤 생각을 품고 있었는지를 보여준다.

> 너희가 모든 일에 나를 기억하고 또 내가 너희에게 전하여 준 대로 그 '전통'을 너희가 지키므로 너희를 칭찬하노라(고전 11:2).

> 그러므로 형제들아 굳건하게 서서 말로나 우리의 편지로 가르침을 받은 '전통'을 지키라(살후 2:15).

---

152. 행 17:1-4, 18:1-18

논쟁하려는 생각을 가진 자가 있을지라도 우리에게나 하나님의 모든 교회에는 이런 '관례'가 없느니라(고전 11:16).

하나님의 말씀이 너희로부터 난 것이냐 또는 너희에게만 임한 것이냐? 만일 누구든지 자기를 선지자나 혹은 신령한 자로 생각하거든 내가 너희에게 편지하는 이 글이 '주의 명령'인 줄 알라(고전 14:36-38).

여기서 몇 가지를 언급할 필요가 있다. 첫째, 처음 두 인용구절에서 바울은 자신이 개인적으로 혹은 서신으로 신자들에게 전하여 준 '전통'을 굳게 붙들고 있음을 칭찬하고 있다. 전통이란 전해 내려오는 사고방식이나 행동 양식을 의미한다. 예수님은 하나님께로부터 말미암지 않고 사람이 만든 바리새인들의 전통에 대해 책망하셨는데[153], 이것과 혼동해서는 안 된다. 또한 이런 전통(헬라어 파라도시스 paradosis는 규정, 관습 또는 수칙의 의미가 있다)은 단순 '가르침'(헬라어 디다스칼리아 didaskalia는 지침, 교리, 또는 교훈이라는 의미가 있다)과 동일시 되어서도 안 된다. 여기서 말하는 '전통'에는 사도들이 자신들이 세운 교회에 도입한 행동 양식과 관행들이 포함된다. 그들은 교회가 실행해 가야 할 역할과 양식에 대한 청사진을 심었다.

둘째, 세 번째 인용구절은 이 책의 범위를 벗어나는 논쟁을 다루고 있다. 그럼에도 여기서 바울은 고린도 교회의 성도뿐만 아니라

---

153. 막 7:5-14

모든 교회가 따라야 하는 보편적인 실천 원리에 대해 말한다. 이것 말고 다른 대안은 없다는 것이다. 이러한 사도들의 지침을 무시하는 사람은 논쟁과 분란을 일으키는 사람으로 간주될 뿐이다.

셋째, 첫 번째와 네 번째 인용구절은 특별히 그리스도인들이 교회로서 모임을 가질 때와 관련된 언급이다. 바울은 이런 모임은 모두에게 열려 있고 참여지향적이며 구성원 간 상호작용이 활발해야 한다고 가르친다. 한 사람의 일방적인 독주가 펼쳐져서는 안 되며, 그러면서도 혼란이 아닌 품위와 분명한 질서가 있어야 한다.

넷째, 네 번째 성경 구절은 바울이 성령의 이끄심에 열려 있는 교회 모임의 형식에 관한 기나긴 논의 끝에 제기하는 내용이다. 분명히 바울은 자신이 제공하는 가르침이 취사선택할 수 있는 단순한 제안이나 개인적인 의견이 아니라 주님으로부터 온 것이라고 강하게 느꼈다. 사도 바울은 어떤 사람이라도 이를 인정하지 않는다면 그들 역시 인정받지 못한다고 직설적으로 말하고 있다.

마지막으로, 주 예수님이 사도들의 권위에 대해 어떻게 여기시는지 주의해야 한다. 자신의 처음 열두 사도들에 대해 주님은 "너희 말을 듣는 자는 곧 내 말을 듣는 것이요 너희를 저버리는 자는 곧 나를 저버리는 것이요 나를 저버리는 자는 나 보내신 이를 저버리는 것이라"(눅 10:16)고 말씀하셨다. 1세기 교회에게는 이 말이 분명 의미심장하게 들렸을 것이다. 사도들의 말을 듣는다는 의미는 신자들이 사도들의 가르침과 관례를 그 형태와 역할, 본보기와 능력, 교리와 삶의 양식에 있어 최대한 실행한다는 의미였다. 인간의 발상이나 관행들은, 그것이 어떤 이들에게 아무리 실용적이고 필요한 것처럼 보이며 순수한 의도를 갖고 있을지라도, 사도들의 지도 아래 언제나 기도로 면밀히 검증되어야만 했다.

결론

이 장에서는 1세기 교회를 하나의 운동으로서 성경적으로 이해해 보고자 시도했다. 이를 통해 우리는 초기 그리스도인들이 시작한 교회의 핵심적인 특징을 발견했는데, 교회가 효과적으로 그 역할을 최대한 감당할 수 있기 위해 교회의 형태를 최대한 단순화했다는 점이다. 그들은 가정교회라는 운동으로 조직을 최소화함으로써 그리스도의 제자를 양육하고 미지의 세상으로 지경을 넓혀나가는 역동적인 사명에 집중할 수 있었다. 이번 장에서 언급된 그 필수 요소들을 요약하면 다음과 같다.

유기체
초기 예수 운동은 어떤 조직체의 회원으로 가입시키는 것보다는 신자들 및 그리스도와의 관계 안으로 유입되는 것으로 그 정체성을 규정했다. 가족, 몸, 가정, 무리, 신령한 성전 같은 많은 비유 표현들은 교회가 신령한 공장이라기보다 하나의 유기적 실체임을 나타낸다. 그들은 교회가 하나의 가족이자 유기체라는 신학을 붙들었다.

가정 단위의 교회

초기교회는 관습적으로 개인의 가정에서 최대 30명 정도의 적은 무리로 모였고, 결과적으로, 가정교회 운동이라고 부를 수 있다. 가정교회는 일종의 '거실 혁명'이었다. 각각의 모임은 그 자체로 온전한 교회였다. 게다가 기독교의 초기 역사 250여 년 동안에는 교회 건물에 대한 어떠한 고고학적 증거나 문서상의 증거도 찾을 수 없다. 비록 그들은 가정교회 형태를 필수적으로 취해야 한다는 의도는 없었으나, 서로를 영적인 가족으로 받아들일 뿐만 아니라 참여와 상호작용이 활발하게 일어나는 모임을 추구했기에 가정 단위의 교회 형태는 그에 따른 자연스런 결과였다. 가정 단위의 교회는 단순하고, 작고 자연스러우며 친밀하고 비용이 많이 들지 않으며 새로운 환경에 쉽게 적응할 수 있고 재생산 또한 용이한 까닭에, 새로운 지도자를 세우는 일도 비교적 수월했다.

열린 모임

만일 누군가가 1세기 가정교회를 방문한다면, 그곳이 상호작용과 참여가 그 어떤 모임보다 활발하다는 사실을 즉시로 알아차렸을 것이다. 여기서는 모두가 자신의 영적 은사들을 제공할 기회와 책임을 동등하게 누렸다. 한 사람의 일방적인 독주는 인정되지 않았다. 그곳에서 늘상 목격할 수 있는 핵심 요소로서는, 기도, 성찬(간단한 떡과 포도주로 흉내만 내는 것이 아닌 정식 만찬), 가르침, 그룹 토의, 치유, 방언, 그리고 대언 등이다. 이 모든 것은 성령의 이끄심을 따라 단순하고 상호작용이 활발하게 일어나는 방식으로 이루어졌다.

두 종류의 지도자
초기교회에는 순회 지도자와 지역 지도자가 있었다. 순회 지도자들이 감당하는 사명은 일시적이고 보편적인 특성이 있었다. 이들은 미개척 지역에 교회를 세우고 지도할 뿐 아니라 그곳을 맡아 이끌어 갈 지역 지도자를 양육하고 훈련시켰다. 그들은 대개의 경우 사역을 위해 재정적인 도움을 받았다. 반면 지역 지도자들이 감당하는 사명은 장기적이고 해당 지역에 국한되는 특성이 있었다. 그들은 동등한 위치의 여러 사람으로 팀을 이루었고, 개별적인 가정교회들의 활동을 감독하고 지도했으며 해당 도시 전역으로 연결된 네트워크를 관할했다. 그들은 자원하는 자로 봉사했으며 사역을 위해 별도의 재정적인 도움을 받지 않았다.

함께 연결되다
가정교회들은 홀로 떨어져 살아가지 않고 지역의 다른 신자 모임과 함께 늘 연결되어 있었다. 그들이 서로 연결되는 방식은 주로 다음 세 가지였다. 이 도시에서 다음 도시로 순회하는 사도들이 전해주는 격려와 가르침을 통해, 한 지역 내에서 서로 관계를 맺은 여러 가정 교회들의 모임을 통해, 그리고 도시 단위에서 이따금씩 열리는 가정교회들과 장로들과 사도들의 회합을 통해서다.

성장

신약시대 신자들은 지중해 전 지역에서 예수 그리스도의 메시지를 그들의 말과 행실로 증거하기 위해 적극 뛰어들었다. 그들은 평소는 물론 심지어 박해를 받을 때에도 담대함과 창의성을 발휘했다. 그들은 공공장소에서의 선포, 사적 대화, 성령의 능력 체험, 그리고 새로운 가정교회의 확산 과정에 언제나 적극적이었다.

사도들의 청사진

최초의 사도들과 이후의 사역자들은 초기교회의 역할과 조직이 어떻게 운영되어야 하는지를 확립했다. 이런 방식들은 제멋대로 만든 것이 아니라 그리스도의 모범과 하나님의 인도하심에 기초하여 구성된 것이다. 따라서 사도들은 믿음의 공동체들이 자신들의 청사진에 따라 관례대로 수행할 것을 기대했다.

◇ 그룹토의를 위한 질문

1. 신약성경에 나오는 교회에 관한 비유 중 당신에게 가장 강하게 와닿는 것은 무엇인가?

2. 초기교회는 왜 주로 가정(집)에서 만났을까? 그들의 공동체 신학과 실제적인 삶의 모습을 살펴보자. 그들은 무엇 때문에 그렇게 했는가?

3. 신약교회 모임과 비교했을 때 오늘날의 전통적인 주일예배나 셀모임 모임은 서로 어떤 차이가 있는가?

4. 순회 사역자들(사도들)과 지역 사역자들(장로들)은 어떻게 다른가? 하나님은 이 두 가지 중에서 어떤 쪽으로 당신을 부르시는 것 같은가?

5. 당신은 신약성경에 나오는 가정교회 형태가 사실을 있는 그대로 기술한 것이라고 생각하는가 아니면 그래야만 된다는 당위성을 말한 것 같은가? 즉 실제로 실행할 수 있다고 보는가 아니면 이상을 제시한 것이라고 생각하는가? 그렇게 생각하는 이유는 무엇인가?

6. 당신은 사도들의 권위와 교회에 대한 그들의 가르침에 대해 어떻게 생각하는가?

4장
역사적 조망 : 가정교회 운동, 그때와 지금

The Global
House Church
Movement

The Global
House Church
Movement

───────────────────────────────────────

우리는 지금까지 신약성경에 나타난 1세기 교회의 모습과 필수적인 기본 요소 및 관례에 대해 살펴보았다. 초기교회는 가정에서 모인 제자들의 작은 무리들이 거대한 바다와 같이 가정교회들의 네트워크로 확대된 것이 분명하다. 우리 시대의 성도들은 이러한 초기교회의 단순성과 분명한 능력이 언제부터 사라졌는지 궁금해한다.

하지만 우리는 이러한 가정교회 운동이 완전히 사라진 것은 아님을 기억해야 한다. 가정교회는 역사를 통해 지속되어 왔을 뿐만 아니라 그리스도의 몸 된 교회가 큰 부흥과 개혁을 맞이하는 결정적 순간마다 중요한 역할을 감당해왔다. 심지어 오늘날에도 전 세계의 많은 곳에서 가정교회를 통하여 교회의 패러다임을 일깨우는 하나님의 역사가 지속되고 있다. 과거의 한 역사가는 통찰력 있게 다음과 같이 지적했다.

사도 시대의 교회 역사 가운데 일어난 사건들은 뒤이을 교회들을 위한 지속적인 본보기로 선택된 후 사도행전에 기록되었다. 이러한 모습에서 멀어질수록 결과는 참혹했고, 그와 반대로, 모든 부흥과 회복은 이러한 성경의 원리와 모습으로 돌아가려는 노력에서 비롯됐다.[1]

오늘날 나타나는 세계적인 가정교회 운동에 적용할 만한 교훈을 알아내기 위해서는 역사적이고 현대적인 정황을 좀 더 이해하는 것이 중요하다.[2]

당시 가정교회 운동

처음 3세기

지난 장에서 살펴본 대로 1세기 그리스도인들에게는 가정교회 형태가 표준이었다. 예를 들어 예수님은 12명을 택하여 제자로 삼으시고 나중에 사도로 파송하셨는데, 이는 오직 소규모 제자 공동체에서만 가능한 친밀하고 상호작용과 참여가 활발하게 일어나는 모델을 보여주신 것이다. 사도 베드로는 오순절 직후 수천 명으로 불어난 예

---

1. E.H. Broadbent, *The Pilgrim Chruch*, Grand Rapids, MI, USA: Gospel Folio Press, 1999, p.26. (『순례하는 교회』, 전도출판사)
2. 이번 장에 기술한 가정교회 운동에서 나타난 모든 가르침과 실행들에 대해 내가 모두 동의하는 것은 아니다. 전체적인 설명을 위해 논의한 부분도 있음을 밝혀둔다.

루살렘 교회 성도들로 하여금 각 가정에서 모임을 갖도록 했다. 사도 바울은 로마제국 전역에 걸쳐 있던 각 제자 그룹에 편지를 보내 그들의 집에서 모임을 섬기는 사람들의 이름을 부르며 인사했다. 이러한 가정교회는 친밀하고도 사적인 분위기가 넘쳤는데 최대 30명 정도의 사람들이 편안하게 모였기 때문이다.[3] 모임은 열려 있고 상호 작용과 참여가 활발하게 이루어졌다. 모든 사람은 다른 사람의 유익을 위해 각자 무엇인가를 '신령한 식탁'에 가져왔다. 화려한 예배나 고비용 프로그램, 교회 건물 혹은 사례를 받는 성직자도 필요하지 않았다. 가정교회는 단순하고 소규모이며 모두가 참여하는 가정 형태로 로마제국에 침투하여 마침내 4세기에 이르러서는 전 인구의 5퍼센트가 그리스도인이 되었다.[4]

4세기 : 교회의 전환점

주후 313년에 로마 황제 콘스탄티누스는 기독교를 합법화한 후 여러 가지 제도를 도입했는데, 이로 말미암에 교회에 지대한 파급효과를 미쳤다. 그 영향은 오늘날까지 미치고 있다.

콘스탄티누스는 로마 정부 및 군사 제도를 모방해 전임 성직자 제도를 만들고, 특별한 교회 건물을 세웠으며, 정치적인 국가 교회

---

3. Del Birkey, *The House Church*, Scottdale, PA, USA: Herald Press, 1988, p.55.
4. John Driver, *Radical Faith: An Alternative History of the Christian Church*, Kitchener, ON, Canada: Pandora Press, 1999, p.42.

(state-chruch) 합병을 이루었다. 이에 따라 우리가 대성당이라 부르는 '카테드럴'(cathedral, 좌석을 의미하는 라틴어 '카테드라'에서 유래함. 교회에서 권력을 가진 이들 중 지도자인 주교의 좌석을 가리킨다-편집자) 기독교가 탄생한 것이다.

교회는 이러한 변화를 자연스럽게 받아들였다. 그리스도의 몸 된 교회가 오랜 투쟁과 박해 끝에 마침내 악의 제국을 무너뜨렸다고 여겼기 때문이다. 이는 교회 역사적으로는 가장 비극적인 순간 중 하나이기도 했다. 오랫동안 박해를 통해 교회를 무너뜨리려 애쓰던 사탄이 이제는 교회 앞에 먹음직스런 유혹거리를 던지는 전략으로 바꾼 셈이다. 광야에서 사탄의 시험에 말씀으로 단호하게 맞서며 이기셨던 예수님과 달리 교회는 권력과 유명세와 자리에 대한 유혹에 더 이상 저항할 의지를 붙들지 못했다.

주후 380년경, 테오도시우스와 그라티아누스는 모든 사람에게 믿을 바와 행할 바를 알려줄 단일한 국가 공인 교회가 있어야 한다고 선언했다. 기독교를 국교화한 것이다. 이로 인해 가정의 사적인 모임들은 이단과 당파 형성 가능성에 대한 우려로 자연스레 불법화되었다. 그 후 1700년 동안, 그리고 지금까지 국가 교회 내지 교파 교회가 이어져왔다. 이 교회들은 하나님의 사명을 수행하는 이름없는 신자들의 공동체로서 기독교(christianity)라기 보다는, 작지만 정치력으로 응집된 하나의 제국처럼 조직되고 관리되는, 소위 기독교국가(christendom)로 자리매김했다.

그리스도인의 환대가 넘치던 곳을 이제는 특별하게 건축된 교회 건물이 대신했다. 평범한 신자들의 참여를 대신해 월급을 받는 성직자가 자리를 채웠다. 성령이 이끄시는 개방적이고 열정적이던 모임은 각종 프로그램과 종교 예식으로 대체되었다. 그리스도의 살아있는 몸 대신 종교적인 조직체들이 대신했다.

하지만, 다행히 이야기는 여기서 끝나지 않는다.

종교개혁 이전의 운동(300-1500년)[5]
국가교회가 지속되던 이후 천 년의 기간 동안 개혁과 갱신을 위한 수많은 운동도 나란히 일어났다. 도나투스파, 프리실리아누스파, 파울리시아파, 피터 발도와 발도파, 아시시의 프란치스코, 작은 형제회, 존 위클리프와 롤라드파, 피터 첼치츠키 그리고 체코 형제회 등이다. 어떤 이들은 국가교회의 개혁을 시도하고 다른 이들은 거기서 분리되어 나오기도 했다. 몇몇 이들은 다른 이들보다 교리에 있어 좀더 정교회적이었다. 그들은 종종 평화주의를 옹호했고 가난하고 소외된 사람들과 함께하며 일반인들이 성경을 쉽게 접하고 이해하도록 장려하고 여성 평등을 주장했다. 이러한 많은 운동에서 공통적으로 발견되는 한 가지는 이들이 주로 개인 가정에서 모였다는 것

---

5. John Driver, *Radical Faith*, 1999; Wolfgang Simson, *Houses that Change the World*, Carlisle, Cumbria, UK: Paternoster, 1998; E.H. Broadbent, *The Pilgrim Church*, 1999.

이다. 이것이 박해나 가난 때문이었는지 아니면 성경적 신념 때문이었는지는 판단하기 힘들다. 그러나 이런 급진적인 운동은 사고와 관행에 있어 기성 종교 체계에 끊임없이 도전을 주었다.

프리실리아누스파 (340-385년)

로마 제국 내 이베리아 반도 출신인 프리실리아누스는 부와 지위 그리고 높은 교육을 받고 굉장한 카리스마를 갖춘 귀족이었다. 처음에는 기독교보다 헬라 철학에 더 큰 관심을 가졌다가 그리스도인으로 회심하고 세례를 받은 후 하나님께 깊이 헌신된 삶을 살기 시작했다. 그는 열심히 성경을 공부하여, 평신도이지만 성경을 설교하고 가르치기 시작했다. 그러다 이베리아 지역에서 세례를 받은 신자만이 참여할 수 있는 평신도 운동인 '형제단'을 일으켰다. 이 운동은 남녀가 모두 참석하여 성경을 읽는 모임이었다. 많은 주교와 성직자들이 지역 회중 모임의 독립을 주장하고 국가교회에 반기를 들면서 이 운동에 동참했다. 프리실리아누스가 일종의 영지주의적 마니교식 이원론을 신봉하면서 물질적인 것은 모두 악하다고 가르친다는 그릇된 비난이 제기되었다. 이 관점에 따르면, 모든 인류는 덫에 걸렸고, 구원에 이르려면 물질 세계를 포기하고 영적 세계를 포용하는 길뿐이라는 것이다. 로마 황제 막시무스는 국가교회와 이 당파(형제단) 사이에 어떤 식으로든 긴장이 조성되는 것을 반기지 않았다. 결국 황제는 프리실리아누스의 반대파였던 투르의 마르티누스 주교와 밀라노의 암브로시우스의 항의서에 따라 프리실리아누스와 여섯 친구들을 체포하여 트리어에서 참수했다. 프리실리아누스와 여섯 친구들의 시신은 이베리아로 옮겨졌고 그들은 그곳에서 순교자로 추앙 받게 되었다. 프리실리아누스의 죽음 이후에도 이 운동은 심한 박해를 받았지만 완전히 사라지기까지는 두 세기가 걸렸다.

피터 발도 (1150-1206년)

프랑스 리옹의 발도는 당시 전통적인 봉건제도 안에서 자신들의 위상을 확보하려 했던 상인과 예술가로 구성된 신흥 도시계급에 속했다. 그리스도의 생애를 담고 있는 복음서에 관심을 갖게 되면서 그는 수사를 고용하여 성경의 몇 군데를 자국어로 번역했다. 성경을 깊이 읽고 연구한 후에 그는 동료들이 추구하는 부와 권력에 더 이상 집착하지 않기로 결단했다. 결국 그는 자신의 부를 포기하였고 선한 양심에 따라 사도들처럼 가난한 삶을 사는 사람만이 복음의 메시지를 전할 수 있다고 믿었다. 리옹의 가난한 사람들 또는 발도파 교도라고 알려진 발도의 추종자들은 프랑스 시골 곳곳을 둘씩 짝지어 다니며 순회전도를 벌였다. 그들의 사역은 전 유럽에 걸쳐 널리 확산되었는데 노트르담 교인 명부에 있는 신자들의 3분의 1 이상이 발도파 모임에 참석했을 정도라고 알려졌다. 그들의 모임은 주로 한밤에 야외에서 이루어졌으며 순회하는 형제가 인도했다. 설교를 마치면 그들은 집으로 돌아가 기도하고 토론하며 성찬과 저녁식사를 나누었다. 그들은 교회와 시민권이 통치하는 사회에 대한 비전으로 들떴다. 발도파 교도들은 맹세하는 것을 금지했고, 자발적으로 부를 포기하도록 권장했으며, 국가의 봉건체제를 대체할 만한 자체 경제구조를 조직하기도 했다. 또한 모든 형태의 폭력에 참여하는 것을 거부하고 기성 교회의 가르침과 관행에 있어 많은 부분에 의문을 제기했으며 가난한 사람들과 교육 받지 못한 사람들 그리고 여자들을 위해 헌신했다. 발도의 죽음 이후 로마가톨릭 교회는 제4차 라테란 회의(1215년)에서 발도파 운동을 공식적으로 정죄했고, 불순종하는 사람들을 그 즉시 징계하거나 축출했다.

종교개혁 이후의 운동(1500년 이후)[6]

복음주의와 은사주의를 포함한 대부분의 개신교 그리스도인들은 16세기의 격동기를 돌아볼 때마다 서유럽에서 국가의 지원을 받던 로마가톨릭 교회가 신학적으로 정화되던 시기라고 간주한다. 교회사는 이 시기를 '종교개혁'이라고 부른다. 마르틴 루터, 울리히 쯔빙글리, 장 칼뱅 같은 개혁자들이 믿음에 관한 중대한 재발견(신학)을 촉발했음에도, 그들은 이전의 로마가톨릭 교회의 구조를 거의 바꾸지 않은 채(교회론) 그것을 새로운 개혁교회에 그대로 도입했다.

---

6. John Driver, *Radical Faith*, 1999; Peter Bunton, *Cell Groups and House Churches: What History Teaches Us*, 2001; Wolfgang Simson, *Houses that Change the World*, 1998; E.H. Broadbent, *The Pilgrim Church*, 1999; Donald Durnbaugh, *The Believer's Church*, 1968.

그러나 이 정도면 변화가 충분하다고 모두가 만족한 것은 아니었다. 반대의 기치를 내건 이들은 급진적인 종교개혁자들로서 교회의 형태와 역할에 대해 보다 근본으로 돌아가야 한다고 외쳤다. 그러고 나서 온건한 종교개혁자들이 미처 준비되기도 전에 판도라의 상자를 열어버렸다. 소위 급진주의자들로 불린 그들은 단순히 사도들의 신학으로만 돌아갈 게 아니라 사도들이 보여주었던 실행으로 돌아감으로써 교회를 병들게 했던 문제의 핵심을 더 깊이 파고들어가야 한다고 주장했지만, 아이러니하게도, 이들은 (이전에 로마가톨릭 교회와 대립각을 세웠던 루터와 쯔빙글리 같은) 온건한 종교개혁자들로부터 반대와 비판을 받았다.

마르틴 루터 (1483-1546년)

이 유명한 독일 개혁자는 좀 더 많은 부분에서 개혁이 이루어져야 한다고 생각했다. 그는 가정에서 드리는 세 번째 예배 의식이 라틴어와 독일어로 드리는 공적 미사를 보완할 수 있다고 제안했다. 이러한 모임의 목적은 기도와 성경읽기, 세례, 성찬, 상호책임 그리고 가난한 자들을 위한 모금 등이 될 것이었다. 하지만 루터는 결국 이러한 생각을 전부 거부했는데, 그러한 모임이 자기들만 진정한 그리스도인이라고 주장하면서 불화를 일으킬 가능성에 대한 우려 때문이었다. 더욱이 그는 자신의 생각에 관심을 보이는 다른 사람들을 찾을 수 있다고 믿지 않았다. 심지어 나중에는 가정 모임을 지지하는 사람들을 위험한 반대론자들로 규정하고 이들을 조롱하고 박해하기에 이르렀다.

카스파르 폰 쉬벤크펠트 (1490-1561년)

영향력 있는 귀족이었던 쉬벤크펠트는 사업에 종사하던 사람으로 성인이 될 때까지는 신앙에 관심이 없었다. 그는 30세가 되었을 때, 루터의 강의를 접하고 영적인 깨달음을 얻었다. 그리고 고향 실레시아에서 개혁의 심장이요 중심인물이 되었다. 처음에는 루터의 애제자였지만, 쉬벤크펠트는 그의 선생과 강하게 대립하는 바람에 불법적인 개혁자요 공식적인 이단자로 낙인찍혔다. 쉬벤크펠트의 간절한 바람은 교회의 신앙과 실행을 개혁하는 일에 성경을 사용하는 것이었다. 그의 말을 들어보자. "우리가 교회를 개혁하기 원한다면 성경 특히 사도행전을 사용해야 합니다. 왜냐하면 사도행전에는 최초의 교회 모습이 어떠했으며, 무엇이 옳고 그른지, 무엇이 하나님과 그리스도께 칭찬받고 용납될 수 있는지를 볼 수 있기 때문입니다."[7] 따라서 그는 루터에게 로마가톨릭의 교회론과 다를 바 없는 교회론에서 벗어나도록 간청했고, 루터는 그러한 요청을 강하게 비난하고 박해했다.

쉬벤크펠트는 이후 30년 동안 유럽에서 루터파 사제들에게 쫓기는 수배자가 되었고, 그 와중에 기도와 성경공부에 초점을 맞춘 가

---

7. E. H. Broadbent, *The Pilgrim Church*, p.214.

정교회 모임을 시작했다. 그를 쫓는 사람들을 더 이상 자극하지 않기 위해 모임에서 세례나 성찬을 권장하지는 않았다. 그의 죽음 이후에 루터파 목회자들은 수많은 쉬벤크펠트 추종자들에게 공식적으로 인정된 국가교회로 되돌아갈 것을 강요했고, 거부하는 사람은 감옥에 보냈다.

후안 드 발데스 (1500-1541년)

유태계 태생의 젊은이 발데스는 스페인과 이탈리아에서 '복음주의' 또는 '발도파'로 알려진 평신도 운동에 앞장선 핵심 지도자였다. 발데스는 20대 초반에 페드로 루이츠 드 알카라츠가 인도하는 소그룹 모임에 참여했는데 그는 가정에서 성경을 가르치는 사역에 헌신한 사람이었다. 이런 모임은 비형식적이었고, 남녀 모두 참석했으며 많은 유대인을 비롯하여 사회에서 소외된 사람들의 마음을 사로잡았다. 발데스는 로마가톨릭 교회의 예전적, 계급적, 교리 위주의 제도에 반대한 알카라츠의 급진적인 교회론에 영향을 받았다.

발데스는 후에 『그리스도인의 교리에 관한 대화』라는 제목의 책을 저술했는데, 그는 이 책을 통해 교회와 기독교 신앙에 관한 철저한 개혁이 필요함을 역설했다. 하지만 이 책은 1531년에 몰수되었고, 종교재판 결과 금서로 지정되어 발데스에 대한 조사가 시작됐다. 결국 그는 이후 이탈리아로 피신할 수밖에 없었다. 그 후 마지막 10년 동안 나폴리에서 공동체를 시작했고, 매주 주일마다 개인 가정에서 성경공부와 기도를 위한 모임을 가졌다. 또한 가난한 자들을 돌보기 위하여 함께 노력했다. 발데스는 종교적으로나 사회적으로 저명한 사람들의 마음을 많이 사로잡은 동시에, 시장에까지 파고들었다. 바울 서신을 토론하는 것을 우연하게 들은 시장의 제혁업자들도 그의 개념에 관심을 가졌던 것이다. 약 3,000명의 사람들이 이러한 발데스의 운동에 참여했으나 추종자들은 교황이 주관하는 종교재판이 재개되면서 도망치거나 처형되었다.

재세례파 (1520년경)[8]

이 운동은 전 가톨릭 사제이자 스위스 개혁자였던 울리히 쯔빙글리의 주위에 모여들었던 제자들로부터 그 뿌리를 찾을 수 있다. 쯔빙글리는 성경을 연구하면서 가톨릭의 수많은 종교적 관행들에 오류가 있다는 결론을 내렸다. 그는 교황의 통제권으로부터 벗어나 취리히 의회에서 도시의 공식 목사로 임명되었다. 그의 열정적인 설교로 인해 사람들은 정부의 과세정책뿐 아니라 교회의 예전에도 변화가 필요하다는 사실을 자각하기 시작했다.

하지만 도시 의회는 교회 안의 광범위한 변화에 대한 쯔빙글리의 요구를 거부했고 결국은 그를 물러나게 했다. 미몽에서 벗어난 그의

---

8. C. Arnold Snyder, *Anabaptist History and Theology*, Kitchener, ON, Canada: Pandora Press, 1995; J. A. Moore, *Anabaptist Portraits*, Scottdale, PA, USA: Herald Press, 1984.

열렬한 추종자들과 친구들, 특히 콘라드 그레벨과 펠릭스 맨츠는 취리히 근처에 '불법' 교회를 세웠다. 그들은 전 사제이자 열정적인 개혁가였던 조지 블라우락과 힘을 합해 성경을 읽고 토론하며 성찬을 나누는 비밀 가정교회 모임을 조직했다. 이러한 모임들은 유아세례를 받은 성인들에게 다시 세례를 행했는데 이것이 더욱 성경적인 것이라고 믿었다. 6개월 이내에 이 운동은 마을과 도시로 뻗어나갔고, 다른 스위스 지역과 독일에까지 번졌다. 이러한 재세례자들 또는 재세례파는 쯔빙글리와 정부 권력으로부터 비난과 박해에 직면했다. 콘라드 그레벨은 탈출과 고된 여정 끝에 장기간 투옥되어 쓰러졌고, 결국 전염병으로 숨졌다. 펠릭스 맨츠도 체포되어 정부에 의해 익사당했다. 조지 블라우락은 기둥에 묶여 화형 당했다. 하지만 16세기 말에 이르러 오스트리아, 모라비아, 슬로바키아, 그리고 헝가리에서 이러한 재세례파들은 수만 명으로 불어났다.

잔 드 라바디 (1610-1674년)

1635년에 임명된 예수회 사제인 라바디는 1650년까지 가톨릭교회를 개혁하고자 노력했지만 실패했다. 그는 가톨릭교회에 대한 헌신을 버리고 개신교 사역자요 신학 교수가 되었고, 그 후 20년간 개신교회를 초기교회의 사도적 형태로 되돌리고자 노력했지만 성공하지 못했다. 결국 그는 로마가톨릭과 개신교의 제약으로부터 벗어나 완전히 새롭게 출발하는 것이 가장 효과적이라고 판단했다. 그는 모든 그리스도인이 초기교회의 단순함으로 돌아가 모든 종교의식과 예식을 버리게 되는 날을 상상했다.

암스테르담에서는 수천 명의 사람들이 이러한 급진적인 비전에 기초한 공동체를 세우기 위해 그의 주위로 몰려들었다. 홀랜드의 개혁교회들은 특히 라바디가 지지한 즉흥 기도에 대해 반대했다. 라바디는 또한 프랑스와 스위스에서 '비밀집회' 또는 '형제애'라는 모임을 만들었다. 그는 가정 모임에 대한 최초의 '방법론' 책[9]을 썼으며 이를 통해 기도와 찬송, 성경공부, 토론 그리고 자유로운 예언에 대한 매우 실제적인 조언을 주고 있다. 라바디는 홀랜드 개혁교회의 권위에 굴복하지 않았고, 벨직 신앙고백에 서명하지 않아 결국 추방당했다.

조지 폭스 (1624-1691년)

퀘이커 교도(서로를 친구라고 부른다)의 설립자인 폭스는 매우 종교적인 가정에서 자랐으며 10대 후반과 20대 초반에 영국 전역을 여행하며 기존 교회들의 관행에 대해 사람들과 의견을 나누었지만 많은 성과는 얻지 못했다. 펜들 언덕에서 많은 사람들이 그의 메시지를 받아들이는 환상과 관련된 깊은 영적 체험을 한 후 그는 설교를 통

---

9. *The Discernment of a True Church According to the Holy Scriptures Containing Thirty Remarkable Signs by Which it May Be Well Known* (또한 E.H. Broadbent, *The Pilgrim Church*, p.273을 보라).

해 빠르게 청중들을 확보해나갔다. 그는 자서전에서 자신의 사명을 이렇게 요약한다.

> 주 하나님은 영원한 복음과 생명의 말씀을 전하기 위해, 또한 초기 사도시대부터 제정된 모든 성전[개념]과 십일조, 성직자들과 세상의 초보로부터 사람들을 벗어나게 해주기 위해 나를 보내셨다고 그들에게 선포했다. 이런 것들은 초기 사도들이 의지했던 성령과 능력으로부터 벗어난 것들로 세워졌다.[10]

초기의 퀘이커 교도들은 둘씩 짝지어 전 영국과 세계를 순회했으며 사역을 시작한 지 5년 만에 2만 명의 회심자를 얻었고 국가와 종교 권력으로부터 심한 박해도 받았다. 퀘이커 교도들은 신자의 삶 가운데 일어나는 성령의 역사와 각 개인 안의 내적인 빛과 씨앗, 개인적 경건, 성령이 인도하는 열린 교회 모임, 완전한 비폭력주의, 가난한 자와 평범한 노동자의 단결, 양성평등을 강조했고 가톨릭과 개신교의 '뾰족탑 건물'과 성직자 제도에 반대했다. 그들은 예배의 신성한 장소와 세속적 장소 사이의 잘못된 구별을 없애기 위해 실외에서 설교했으며 가정집에서 모였다.

---

10. George Fox, *Journal*, chapter VI.

필립 야콥 스페너 (1635-1705년)

경건주의 창시자이자 잔 드 라바디의 제자였던 스페너는 개인의 영적 경험을 강조함으로써 갈수록 학문적이고 열매 없는 독일 루터파 교회에 대한 개혁을 추구했다. 그의 주요 전략은 주일 예배를 보충하여 만인제사장 원리를 실행하는 일명 '경건 모임'이라 불리는 소그룹 가정모임을 갖는 것이었다. 목사나 교수들은 이런 모임에 참여하여 제자훈련과 경건에 초점을 맞추어 봉사했다.

스페너는 기존 교회를 자극하길 원하지 않았고 또한 이런 모임이 전통적인 교회를 대체하기보다는 보충하는 것으로 보았기 때문에 세례나 성찬을 허용하지는 않았다. 하지만 스펜서가 시작한 초기 모임은 결국 그의 고향 프랑크푸르트에서 억압받았고 그후 그는 냉소적이 되어 다시는 새로운 모임을 시작하지 않았다. 하지만 그의 저서 *Pia Desideria*('경건한 열망'이라는 뜻)를 통해 그의 영향력은 모라비안과 경건주의자들에게 미쳤고 이들은 18세기 대부흥 기간 동안 중요한 역할을 감당했다.

존 웨슬리 (1703-1791년)[11]

웨슬리는 영국 국교회의 성직자로서 다양한 교구에서 사역을 시작했다. 몇 년 후에 그는 옥스퍼드로 돌아왔고, 상호책임, 기도, 성경

---

11. Howard Snyder, *The Radical Wesley and Patterns for Church Renewal*, Downers Grove, IL, USA: InterVarsity Press, 1980; John Driver, *Radical Faith*, 1999.

공부, 성찬, 그리고 구제사역을 위해 형제인 찰스와 친구인 조지 휫필드와 함께 작은 모임을 시작했다.

웨슬리는 미국 조지아에 선교사로 갔지만 열매 없는 사역으로 인해 깊은 영적 침체에 빠진 채 영국으로 돌아왔다. 그 후 영적으로 충만케 되는 내적 체험을 하면서 웨슬리는 휫필드의 본을 따라 야외 설교를 하기 시작했다. 당시 사람들은 이러한 방법을 별로 좋아하지 않았다. 이로써 감리교 운동이 시작되었다.

그 후 50년 동안 웨슬리는 자신의 야외 설교를 통해 회심한 수천의 사람들을 6명에서 12명의 셀모임으로 모아 상호책임, 제자도 훈련, 병든 자를 돌보고, 가난한 자를 돕는 모금활동을 하도록 했다. 웨슬리는 그러한 회심자들을 적합한 지도자와 함께 셀모임으로 조직하는 일을 허락하지 않는 곳에서는 설교하지 않았다. 그렇게 해서 나온 소그룹의 평신도 지도자들은 목회자요 제자훈련가로 활동했다. 그러한 '속회' 모임은 멤버들의 가정에서 모이면서 가정교회와 비슷한 역할을 담당했다.

그들은 또한 강의식 설교와 찬양을 위해 연합모임(혹은 신도회)으로 모였다. 하지만 셀모임의 회원들만이 이러한 대그룹의 신도회 모임에 참석할 수 있었다. 이 운동의 결집을 위해 순회 목사들이 도시와 도시를 돌아다녔다. 모임은 전통적인 영국 국교회 예배와 충돌하지 않도록 계획되었다. 웨슬리는 분리된 새로운 운동을 만들기보다 영국 국교회 안에서의 회복을 원했기 때문이다. 1791년 존 웨슬리가 죽었을 때, 영국과 미국의 감리교 운동은 대략 만 개의 가정 셀모임과 10만 명이 넘는 사람들로 불어났다.

최근의 가정교회 운동

최근에 가정교회를 통해 그리스도의 몸 안으로 거대한 유입이 이루어지고 있다. 실제로, 다른 어떤 유형의 교회보다 전세계적으로 가정교회에 많은 그리스도인들이 참여하고 있다는 보고가 전해진다. 다음의 내용은 현재 세계 각처에서 일어나는 일들 중 극히 일부분을 소개한 것이다.

중국[12]

개신교와 가톨릭 선교사들은 중국인 현지 지도자들이 장래에 활동할 수 있도록 영적인 기반을 마련하는 일에 크게 힘을 기울여 왔다.

1949년 공산주의 혁명 이후 거의 모든 선교사들과 외교관들이 추방당했다. 당시에는 어림잡아 백만에서 이백만 명의 그리스도인들이

---

12. Tony Lambert, *China's Christian Millions*, London, UK: Monarch Books, 1999; Larry Kreider, *House Church Networks*, House to House Publications, 2001; Dennis Mc-Callum, "Watchman Nee and the House Church Movement", www.xenos.org/essays/nee1.htm, 1986; Patrick Johnstone and Jason Mandryk, *Operation World*, WEC International, www.wec-int.org, 2001.

남았으며, 서구에서는 이제 중국이 영적으로 버려졌다고 생각했다.

정부는 자양(自養), 자치(自治), 자전(自傳)이라는 원칙을 내건 '삼자 애국운동'에 등록된 교회만 허가하는 정책을 세웠다. 이것은 외국 종교단체의 영향으로부터 중국 교회를 잘라내기 위해 고안된 것이 분명했지만 삼자운동(TSPM) 교회들은 정부의 억압에도 불구하고 나름대로의 자치 활동을 하고 있다.

1966년에 중국의 붉은 군대는 남은 교회마저 폐쇄했고 그 후 13년 동안 신자들은 지하교회로 피신해야만 했다. 등록을 거부하거나 설교활동에 참여한 사람들은 체포되어 감옥에 가야 했다.

미국의 닉슨 대통령이 중국을 방문한 1972년에는 비밀리에 존재하던 지하교회들에 대한 활동보고서가 쏟아져 나오기 시작했다.

덩샤오핑 주석의 자유화 바람 아래, 1979년에는 교회 건물이 다시 한번 문을 열었다. 그러다가 1997년 그의 죽음 이후 몇 년 동안 엄격한 통제와 함께 가정교회에 대한 강제 등록이 뒤따랐다. 이런 조치로 인해 수천만 명의 신자들로 구성된 10개의 주요 가정교회 네트워크 지도자들이 연합하여 중국 정부에 서신을 보내, 핍박을 중단하고 가정교회 지도자들과 열린 대화를 요구하기도 했다.

현재 중국은 신앙과 관련된 정치적인 자유를 충분히 허락하지는 않았지만 중국 내 교회 지도자들은 교회의 구조와 역할을 유지하기 위한 책임을 다하고 있다.

구체적으로, 현대의 지도자들은 다음과 같이 결단했다. (a) 지도자들을 순회 복음전도자들과 가정교회 개척자들로 키운다. (b) 팀 사역을 개발한다. (c) 어떠한 교회 건물도 건축하지 않는다. (d) 안주하는 '성전' 정신보다는 계속 이동하는 '장막' 정신으로 산다. (e) 오직 순회 사역자들에게만 재정 지원을 하고 지역 지도자들은 자립하여 생활한다.

현재 추정으로는 중국에 8천만 명에서 1억3천만 명의 기독교 신자들이 있는 것으로 본다.[13] 중국은 수십 년 간의 열악한 환경 속에서도 이러한 가정교회의 단순성이 어떻게 교회성장에 이상적인 바퀴를 달아주는지 보여주는 중요한 사례다.

인도

인도에는 약 3천만 명의 기독교 신자들과, 극심한 반대로 인해 가시적인 교회에 참석하지 못하고 있는 7천만 명의 숨은 신자들이 있다. 많은 신자들은 가정교회에 참여하는데, 이는 눈에 잘 띄지 않고 토착성이 있기 때문이다.

1995년에 그런 가정교회 운동 하나가 시작되었다.[14] 잘 알려진 외

---

13. 앞의 각주에 나온 정보에 의하면 중국의 기독 인구에 대한 실제 추정치에는 차이가 있다. 토니 램버트는 1700만 명, 래리 크라이더는 8000만 명, 존스톤과 맨드릭은 9100만 명, 제임스 러츠는 나와의 개인적인 의사교환을 통해 더 많은 추정치를 제시했다(1억3천만 명).

14. James Rutz with Victor Choudhrie, "House Church Explosion in India", House-2-House Magazine, Issue 2, 2002, www.house2house.tv

과의사인 빅터 초드리 박사와 그의 부인 빈두는 유급 성직자, 교회 건물, 심지어 주일 예배마저 포함하지 않는 실험을 시작했다. 그들은 약간의 훈련을 받은 낮은 카스트 계급의 젊은 교회개척자들을 인도의 중심 주인 마디야 프라데쉬에 배치했다. 초드리가 추산하기로는, 그로부터 몇 년이 지나 3,500개의 가정교회가 개척되었고 신자는 7만 명을 넘었다. 그들의 비전은 2007년까지 마디야 프라데쉬 주에 있는 17,000개 마을마다 하나씩의 가정교회를 세우는 것이다.[15]

2001년에는 이와 비견되는 성장이 우타 프라데쉬 주의 북쪽에서도 일어났다. 이곳에서는 1,250개의 새로운 가정교회가 세워지고 6천 명의 신자들이 훈련을 자원하고 있다.[16] 이러한 가정교회는 믿은 지 2년도 안 된 그리스도인들이 각 집을 방문하여 사람들을 위해 기도해주면서 시작되었다.[17] 병고침과 축사의 기적이 자주 일어났고, 이를 통해 자신의 집을 '기도의 집'으로 공개하는 가정들이 생겼으며 이런 일들을 통해 가정교회는 더욱 불어나고 있다. 수천의 사람들이 이러한 방식으로 그리스도를 믿게 되었다.

이와 비슷한 운동이 인도 전역에서 일어나고 있다. 2001년에서 2006년까지 약 10만 개의 가정교회가 새롭게 생겼다.

---

15. Larry Kreider, *House Church Networks*, p.33.
16. Friday Fax, "Uttar Pradesh: Over 1000 New Churches Planted Last Year", Issue 23, June 7, 2002, fridayfax@bufton.net
17. Friday Fax, "Thousands of Hindus find Jesus in Houses of Prayer", Issue 31, August 2, 2002, fridayfax@bufton.net

에티오피아[18]

1974년에 마르크스 정권이 에티오피아에 들어섰다. 그들은 1982년에 은사주의적인 메세레테 크리스토스 교회를 완전히 불법화시켰고, 교회 건물을 압류하고 지도자들을 체포했다. 이것은 그 후 거의 10여 년간 자행된 정부의 교회 탄압의 시작이었다. 경찰의 단속을 벗어난 지도자들은 비밀리에 만나 5~7명이 모이는 작은 가정교회를 조직하기로 했으며, 이 모임을 통해 기도하고 찬양하며, 성경공부와 토론 그리고 성찬을 함께 나누었다. 지역적으로 이런 모임을 조직하면서 지도자들은 또한 그룹리더를 위한 성경공부 교재도 준비했다.

처음에 회원들은 이러한 방식을 불편해했다. 오직 가족이나 사회활동을 할 때만 가정을 공개하는 것이 그들의 문화적인 관습이었기 때문이다. 하지만 이런 방식은 계속되었고 지하 가정교회 운동이 생겨났다. 공개 설교는 불법이었으므로 신자들은 특히 장례식이나 결혼식을 통해 그리스도를 전했다. 그들은 또한 가정교회 모임에 찬양 음악을 도입하기 위해 각 집으로 다니는 찬양사역자를 양성했다.

1991년에 정권은 무너졌고 교회는 지하에서 지상으로 나왔다. 놀랍게도, 박해받던 교회는 지난 10년간 5,000명에서 5만 명으로 성장했다. 신자들은 53개의 협회로 재조직되었고, 박해 가운데 우연히 발견한 소규모 가정 구조를 유지하기 위해 헌신하고 있으며, 국가 전체를 복음화하기 위한 계획을 시작했다.

---

18. "Against Great Odds" (비디오), Gateway Films, 1992.

영국[19]

1970년대 영국에서는 신약성경의 원리로 교회의 삶을 회복하고자 하는 시도가 있었다. 전통적인 교회 안에서는 신자들의 영적 은사들이 효과적으로 발휘될 수 없다는 각성에서 이 운동은 출발한다. 많은 사람들이 전통적인 틀에서 벗어나 가정과 야외로 나오기 시작했다.

그러나 이러한 모임을 위해 개인들의 가정을 사용한 이유는 신학적인 확신보다는 환경적인 요인에 따른 것이었다. 이 운동이 성장하기 시작하자, 가정교회가 불어나는 것이 아니라 학교 체육관, 시민 회관, 그리고 빌린 강당으로 모여들었다. 따라서 가정교회를 개척하기보다는 교회 성장이라는 방향으로 나아갔다. 영적 은사의 재발견은 교회를 질적으로 새롭게 했지만 교회구조 자체는 변화되지 않고 그대로였다. 얼마 안 가 많은 교회들이 옛날 방식대로 돌아가고 말았다.

1990년대에 가정교회를 포함한 소위 '새로운 교회'들은 38퍼센트나 성장했다. 이러한 증가는 영국에서 지난 10년간 다른 개신교 복음주의 그룹 중에서 수적 증가세로는 단연 최고였다. 그 다음은 침례교가 2퍼센트 증가하는 데 그쳤다. 영국의 모든 복음주의 단체 중 3분의 1이 현재 이 운동에 참여하고 있는 것으로 추산된다.

---

19. Wolfgang Simson, *Houses That Change the World*, pp.72-73; Jonathan Petre, "Christianity in Crisis as Pews Empty", www.telegraph.co.uk, Nov 28, 1999.

브라질[20]

라틴 아메리카에 속한 브라질에서는 '그리스도인 기초공동체' 그리고 '교회 기초공동체'라고 불리는 다양한 로마가톨릭 가정교회가 지난 40년 동안 폭발적으로 성장했다. 1945년에 파시즘이 전복되었고, 그 후 정치 개방이 뒤따랐기에 대중 운동의 출현이 가능했다. 하지만 이러한 현상도 1960년대 초 군사 쿠데타가 성공하고 모든 형태의 공중 집회와 정치적인 불협화음이 차단됨으로써 끝나게 되었다.

이런 시점에서 가톨릭교회는 제2차 바티칸 공의회가 천명한 '변화 수용'의 결과로, 사람들을 모으고 지원하며 앞으로 어떻게 살아가야 할지를 계획하도록 토론의 장을 제공했다. 이것이 브라질에서 작은 기독교 공동체들을 탄생시킨 모판이 되었다. 노인, 실직자, 토착민, 소작농, 노동자, 넘쳐나던 도시 거주자, 기회를 잃어버려 절망에 빠진 젊은이들이 몰려들었다. 그런 사람들의 가난한 현실과 정면으로 맞서기 위해 탄생한 것이다. 이들 모임은 사회의 주변인으로 남아 있던 사람들에게 하나님이 진정 그들과 함께 계심을 알렸다.

이런 모임은 대략 40명 정도로 구성되었고 보통 성직자나 훈련된 평신도가 인도했으며 기존의 지역 가톨릭 교구와 연대하여 지원도 받았다. 이러한 기초공동체는 정기적으로 모여 기도하고 성경을 읽었으며, 가난, 노동자 문제 그리고 여성의 지위 등을 포함하여 공동

---

20. Jeanne Hinton, *Walking in the Same Direction: A New Way of Being Church*, Geneva, Switzerland: WCC Publications, 1995.

체 안에서의 사회적 부조리를 해결할 수 있는 다양한 방법들을 모색했다. 많은 부분에서 이러한 사람들의 모임은 신앙과 삶이 어떻게 만나야 하는지에 대한 사회적 실험의 성격이 강했다.

브라질에서의 기초공동체는 1960년대 시작된 이래 급격히 성장했으며, 1974년에 4만 개의 모임, 1985년에는 10만 개의 모임으로 성장했다. 2007년 라틴아메리카 전역에서는 100만 개의 기초공동체가 활동 중이었다.

쿠바[21]

많은 정치사회적 요인들로 인해 쿠바는 1992년에 최악의 석유위기를 맞았으며, 이로 인해 실제로 교통은 완전히 마비되었다. 주일 예배에 참석하기 위해 10~15킬로미터를 이동해야 하는 교회 회원들이 문제였다. 교회 지도자들은 지역 교회를 가정교회들로 재조직하여 신자들이 쉽게 모일 수 있도록 했다. 정부는 교회 건물에서 5킬로미터 이내에 이런 가정교회 모임이 있어야 한다는 제한 규정을 마련했다. 2000년에 이르러 이런 모임은 쿠바 전체에 걸쳐 6천에서 만 개 정도의 가정교회로 불어났다. 전체인구 1,500명당 가정교회 하나의 비율로 추산된다. 이런 가정교회 중 소수만 안수받은 목사가 인

---

21. Friday Fax, "Cuba: petrol crisis helps church growth – thanks, Castro!", Issue 20, May 25, 2001, fridayfax@bufton.net; Mindy Belz, "Su Casa es Mi Casa", World Magazine, vol.13, no.5, Feb 6, 1998.

도하고, 대부분은 쿠바의 부흥의 주역들인 파트타임 설교자와 선생들이 순회하면서 인도한다.

북아메리카

북아메리카에도 '교회'라고 부를 수 있는 가정 모임이 점차 대중화되어가고 있다. 추산하기로는 캐나다에 약 200개와 미국에 1,500개의 가정교회가 있다.[22] 대형 정통교회에서는 보기 어려운 그리스도인 기초공동체에 대한 필요성에 눈을 뜨면서부터 이런 모임을 찾기 시작했다. 많은 독립 가정교회들은 신학적 확신 또는 전통적인 교회 체제의 통제에 대한 반발로 인해 정부에 정식 등록을 하지 않고 교단에 속하지도 않으려 한다. 그러나 다행히 많은 가정교회들은 지역적으로나 국가적으로 관계나 자원 네트워크를 구축할 필요성이 있음을 깨닫기 시작했다.

캐나다. 캐나다 복음주의 단체인 캐나다 가정교회 자원 네트워크[23]는 전국적으로 그 이름을 알리면서 소식지와 지역 및 전국 상담조직 운영을 통해 서로 연결되고 있다. 그리고 볼프강 짐존과 로버트 피츠 같은 저명한 가정교회 전문가의 순회강의를 개최하거나, 교단

---

22. Rick Hiebert, "There's no Church like Home", The Report, May 28, 2001, p.47. 이 기사가 나온 지 상당한 시간이 흘렀으므로 여기 나온 숫자는 그 배가 됐을 가능성이 높다.
23. www.outreach.ca/cpc/housechurches.htm

이나 선교 단체들이 한 행사에 같이 참여하기도 한다. 캐나다의 자유감리교회[24]는 여러 지역에서 가정교회 개척을 후원하고 있다. 캐나다 포스퀘어 복음교회는 가정교회를 관리하는 사역에 전적으로 헌신할 지도자를 임명한 최초의 교단이다.[25] 캐나다의 복음주의 교회들은 이처럼 가정교회 개척에 대한 비전을 발전시켜가고 있다.[26] 소그룹 성경공부 모임으로 유명한 네비게이토 또한 캐나다에서의 사역을 위해 가정을 기반으로 한 교회들의 네트워크 마련을 고려 중이다.[27]

미국. 많은 네트워크와 기관들이 설립되어 있다. 가정교회의 국제적 권위자인 로버트 피츠는 각 주마다 가정교회 개척을 위한 책임을 맡을 핵심 인물들을 발굴해왔다.[28] 피츠는 또한 그가 관여하는 가정교회 운동을 보완하기 위해 '3H', 즉 가정성경대학(Home Bible Colleges), 기도의 집(Houses of Prayer), 치료의 집(Houses of Healing)을 개발했다. 토니와 펠시티 데일은 〈집에서 집으로〉라는 널리 읽히는 주간지를 발행했다.[29] 이 운동과 관련하여 스티브 앳커슨, 로버트 뱅

---

24. www.housechurch.ca, www.fmc-canada.org
25. www.foursquare.ca/hbcn.htm
26. www.returntosimplicity.com
27. www.pathfindersfellowships.com, www.navigators.ca
28. www.robertfitts.com
29. www.house2house.tv

크스, 델 버키, 진 에드워드, 네이트 커럽, 짐 러츠, 그리고 프랭크 비올라 등이 잘 알려진 인물이다.

교단과 선교단체들도 여기에 동참하고 있다. 미국 최대 개신교단인 남침례 교단도 적극적으로 가정교회와 셀모임을 개척하고 있으며 이 결과 아시아와 라틴 아메리카 사람들 안에서 가정교회 운동이 활발히 일어나고 있다.[30] 셀모임 교회로 잘 알려진 도브 크리스천 펠로우십은 가정교회 운동을 진정한 하나님의 역사로 받아들이고 지원하고 있다.[31] 대학생선교회(CCC) 같은 선교단체도 세계 각처에서 수년 동안 '가정교회 모임'을 설립해오고 있다. 이런 가정교회 모임이야 말로 진정 근본으로 돌아간 교회다.[32]

이러한 모든 노력들은 보다 넓은 기독 공동체의 관점에서 볼 때 가정교회에 보다 긍정적인 신호가 될 것이다.

우리를 위한 교훈

과거와 현재의 가정교회 운동 역사를 통해 오늘날 우리는 몇 가지

---

30. David Garrison, *Church Planting Movements*, Southern Baptist Convention, Richmond, VA, USA, 1999. 『하나님의 교회개척 배가운동』, 요단출판사
31. Dove Christian Fellowship, www.dcfi.org; Larry Kreider, *House Church Networks*, 2001.
32. Robert Fitts, *Saturation Church Planting*, 1994, pp.71-78.

중요한 교훈을 배울 수 있다.

초기교회의 실행에 주의하라

첫 3세기 동안 기독교는 가정에서 제자들이 소규모 모임으로 모였고, 다수의 모임들이 하나의 공동체로 거대한 네트워크를 이루었다. 자원한 지역 사역자들과 순회 사역자들이 도시 전체를 아우르는 교회론에 입각하여 촘촘히 연결되었으며 그로부터 사역에 필요한 동력을 공급받았다. 사도들에 의해 만들어진 이런 규범적인 형태는 신약 성경에 분명하게 나타난다.

가정교회의 분립과 재생산은 말그대로 배가, 즉 기하급수적 성장으로 나타난다. 이런 특성으로 말미암아 역사 속에서 나타난 다양한 갱신 및 부흥 운동은 전대륙에 걸쳐 급속하게 퍼져나갔다. 따라서 오늘날 교회를 개척하고 성장시키려는 기독교 지도자들은 이러한 사도들의 실행들을 면밀히 참고하여 자신의 사역을 돌아볼 필요가 있다.

오늘날 많은 사람들에게는 그리스도의 지상명령에 순종하고 그것을 성취하려는 열망이 있다. 지구촌의 엄청난 인구 폭발을 감안할 때 우리는 좀 더 커지기 위해 더 작아져야 하며 교회 건물과 가정 사이를 가로막고 있는 담장을 뛰어넘을 필요가 있다.

성도들에게 동등한 기회를 부여하라

종교개혁 이후 '모든 신자가 제사장'이라는 성경적 원리에 대해서는 어느 정도의 신학적인 동의가 이루어졌다. 참여지향적이고 상호적인 특성 덕분에 가정교회에서는 소위 평신도들이 자신들의 영적 은사를 실제적으로 발휘할 수 있었다. 또한 열정적인 평신도들은 신학 훈련을 받은 다음에 많은 가정교회운동에 불을 붙였고 이것은 오늘날 긍정적으로 받아들여지고 있다. 오늘날 교회들은 이런 예를 따라 지도자들을 파송하여 가정교회를 세우고 인도하게 할 수 있으며, 이를 통해 모든 신자가 각자의 은사와 재능을 온전히 발휘할 수 있게 될 것이다.

하나님의 정의를 구하라

역사 속에서 존재한 많은 가정교회 운동을 조사한 바에 따르면, 대개의 경우 그들은 자신들의 재산을 과감히 나누었고, 빈곤층과 소외된 이들을 돌보았으며, 기존 봉건제에 대한 대안으로서 공동 경제 시스템을 마련하기도 했다. 따라서 가난한 신자들은 자신들의 필요에 기반한 나눔 방식에 따라 균등한 혜택을 누릴 수 있었다. 이와 대조적으로 오늘날 서구 교회는 자본주의를 기반으로 하면서 '교회가 크면 클수록 좋다'는 다다익선의 구호를 외치고 있다. 이는 사회 정의 실현이라는 성경적인 요구라는 측면에서 볼 때 교회의 방향성을 다시금 재고해야 할 필요성을 제기한다. 가정교회는 교회 사역에 많은 비용이 들어가지 않기 때문에 이러한 사회 정의를 위해 전통적인 교회보다 더 많은 비중을 집중시킬 수 있다.

가정교회는 단순하고 비용이 많이 들지 않고 주어진 환경에 쉽게 적응할 수 있는 운동이므로 건물을 세워야 한다는 요구에서 자유로우며 프로그램을 실행하고 유지해야 하는 비용 및 인력 부담에서도 자유롭다. 오히려 이런 부담에서 벗어나 복음 증거와 제자훈련이라는 보다 중대한 문제들에 집중할 수 있다. 이것은 특정한 문화의 영향으로부터도 그다지 많은 제약을 받지 않는다. 가난하고 박해를 받는 지역에서나 평온하고 풍요로운 지역에서도 동일하게 적용된다.

가정교회끼리 연결하라

가정교회는 역사적으로 모임의 건전성(교리와 행동에서)을 유지하고 불안정(흩어짐과 고립)을 막기 위해 항상 관계와 책임을 중요시하는 네트워크를 유지해왔다. 많은 모임들이 때로는 이단과 분파로 변질된 사례가 있기에 오늘날 가정교회는 계속적으로 서로 간 네트워크를 긴밀히 유지해야 한다. 바라기는 오늘날 그리스도인들은 많은 운동을 박해했던 과거로부터 배우고, 이후 새롭게 일어나는 운동들에 대해서는 그리스도의 몸을 건강하게 하는 성령의 도구로서 환영할 수 있어야 한다.

운동의 핵심 요소

이러한 주요 운동들을 연결시키고 역동적으로 성장하게 한 핵심 요소들이 있다. 다음 세 가지 가운데 어느 것 하나라도 놓쳤을 때 그들은 쇠퇴하기 시작했다. 이런 요소는 다음과 같다.

(1) 내적 생활의 갱신 : 기도와 성령의 권능, 그로 인한 표적과 기사, 하나님께 대한 전적인 순종 등을 통한 갱신.

(2) 조직의 개혁 : 단순하고 자연스러우며, 비용이 적게 들고 적응하기 쉬우며 복제하기 쉬운 가정교회와 이런 모임을 인도하는 자발적 지도자들, 가정교회와 도시를 순회하는 사도적 순회 사역자들이 있는 개혁.

(3) 부흥 : 대중 및 개인을 대상으로 한 지속적인 복음전도를 통한 부흥.

◇ 그룹토의를 위한 질문

1. 4세기에 기독교의 합법화로 인해 생긴 [긍정적/부정적] 결과에 대해 당신은 어떤 견해를 갖고 있는가? 당시 교회는 콘스탄티누스 황제가 안겨준 부와 교회 건축, 전문 성직자 계급의 형성에 대해 다른 반응을 보여야 마땅했을까?

2. 이번 장에서 언급된 이야기나 인물 가운데 당신의 마음을 가장 사로잡는 것은 무엇인가? 왜 그런가?

5장
내일을 위해 변화를 도모하는 교회의 10가지 선언

The Global
House Church
Movement

The Global
House Church
Movement

앞장에서는 가정교회 운동에 대한 성경적이고 역사적인 기초를 살펴보았다. 하지만 신약성경에서 시작된 초기 교회의 비전을 회복하기에는 턱없이 부족해 보이는 것이 사실이다. 이런 내용들이 오늘을 살아가는 우리에게 어떠한 영향을 미칠 수 있을까? 다음 10가지 진술은 오늘날 세계 곳곳에서 출현하고 있는 가정교회 운동에서 발견할 수 있는 풀뿌리 기독교의 긍정적 선언이다. 이 선언은 제도화된 전통 교회를 비난하기 위한 목적이 아니다. 우리는 예수 그리스도를 알고 사랑하며 구주로 따르는 모든 사람을 형제자매로 인정하고 받아들인다. 이 선언은 반발이나 거부가 아니라 '혁신'에 대한 호소이다. 이 선언은 예수 그리스도를 갈망하고 그분께 순종하려는 '갱신' 운동이다. 또한 초기의 사도적이고 성경적인 교회 형태로의 '개혁'이며, 그리스도께 속한 사람들의 전지구적인 응답이요 '부흥'이다. 이것은 좀 더 성경적으로, 그래서 좀 더 실제적이고 효과적이며 전략적인 그리스도인이 되려는 모든 이에게 도전을 줄 것이다. 다음 10가지 선언은 내일을 위해 전략적 변화를 도모하는 교회들을 위한 안내 표지판이다.

하나님은 저 멀리 떨어져 계시지 않고, 우리와 함께 하시는 분이다

오랫동안 사람들은 하나님을 그저 무관심하고, 냉담하고, 멀리 떨어져 있고, 부재하며, '저 밖 어디엔가 있는' 비인격적인 힘 정도로 인식해왔다. 이제 이러한 인식에 변화가 일고 있다. 오늘 우리는 하나님이 인류 전체와 우리 한 사람 한 사람을 열정적으로 사랑하시는 인격적이고 지적 능력이 충만하며 긍휼이 풍성하신 분임을 선언한다 (요 3:16).

하나님은 몇 번이고 소매를 걷어부치고 아름답고 덕스러운 일을 위해 우리가 사는 이 세상으로 뛰어들 분이시다. 우리의 세상이 오물로 가득한 시궁창이라도 개의치 않으시고 말이다. 그분이 육신을 입고 예수 그리스도로 이 땅에 내려와 우리와 얼굴을 마주하셨을 때, 하나님의 긍휼하심은 가장 극적으로 드러났다. 그분은 함께 살고, 사랑하고, 가르치고 치유하며, 울고 웃으며 제자들을 부르시고, 마침내는 인간의 모든 죄와 어두움을 짊어지시기 위해 십자가에서

잔인한 죽음을 당하셨다. 그리고 사흘 후에 죽은 자 가운데서 다시 살아나셨다.

땅에서의 이러한 삶을 통해 그분은 우리와의 연대를 보여주셨다. 그분은 우리가 처한 상태 그대로 살아간다는 것이 무엇인지 깊이 이해하셨다(빌 2:5-8; 히 4:15). 그로 말미암아 이제 우리는 하나님이 어떤 분이신지 알게 되었다(요 1:14). 예수 그리스도를 개인적으로 믿음으로 말미암아 사람들은 언제 어디서나 하나님께 나아갈 수 있다(롬 1:16; 갈 3:26-28). 한마디로 하나님은 지금 우리와 함께 계신다.

우리는 사람이 만든 제도가 아닌 초기 사도들의 전통을 받아들인다

오랫동안 그리스도인들은 사람이 만든 제도와 교파를 통해 자기 자신을 규정해왔다. 로마가톨릭, 동방정교회, 영국 국교회, 개신교 등이다. 이제 이런 인식에 변화가 일고 있다. 우리는 풀뿌리 기독교가 믿음과 실행, 역할과 형태에 있어 신약시대의 사도적 전통으로 돌아간다면 가정교회가 제도권 밖에서 우리가 선택할 수 있는 최상의 대안이 될 수 있음을 선언한다(고전 11:2, 살후 2:15).

우리는 하나님이 제도권 내의 교회와 참된 형제자매들 안에서 이제껏 그러셨던 것처럼 지금도, 그리고 앞으로도 그분만의 방식으로 길을 내실 것을 확신한다. 그러나 또한 우리는 제도권 교회들이 그

안에 내재해 있는 성경적이지 않은 여러 관행으로부터 벗어나 사도적 기독교의 기본을 되찾고 회복하도록 격려하고 도전하고 싶다.

문화와 시대 그리고 언어를 초월하는 사도적 교회의 형태와 역할이 성경에 나와 있는가? 가정교회 운동을 하는 우리는 이 질문에 "예"라고 대답한다. 지나온 역사 속에서 신약성경의 믿음과 실행을 회복하기 위해 제도권 교회의 한계를 뛰어넘으려 애썼던 사람들에게서 우리는 동질감을 느낀다.

우리는 '종교적'의 틀을 벗고 적절한 방식으로 그리스도를 전할 사명이 있다

오랫동안 우리 그리스도인들은 육신과 영혼, 거룩한 것과 세속적인 것, 교회와 세상, 교회와 선교단체, 대계명과 대위임, 하나님을 사랑하는 것과 사람을 사랑하는 것 등을 이분법적으로 구분하여 갈라놓으려 하는 세상의 '종교적'인 방식에 익숙해 있었다. 이제 이러한 흐름에 변화가 필요하다. 앞으로 풀뿌리 기독교는 이웃과 도시와 나라를 변화시킬 수 있는 이분법적이지 않은 적절한 방식으로 그리스도의 좋은 소식을 가지고 전세계로 나아가게 될 것이다.

이를 위해서는 둘 사이를 인위적으로 나누던 장벽이 무너져야 할 것이다. 우리는 세상이 교회로 오는 것을 기대하기보다 교회를 세상으로 옮겨야 한다(행 1:8). 우리는 세상으로부터 우리 스스로를 가두기보다 분명한 목소리를 내면서 세상으로 나아가야 한다(고전 9:19-23). 우리는 서로 싸우기보다 사람들의 육체적이고 영적인 필요를 채워주어야 한다(마 25:31-46). 또한 그리스도를 믿는 결신자를 얻는 데 만족하기보다 그리스도의 제자를 세우는 데까지 수고해야 한다(마 28:19-20). 우리는 단지 하나님의 말씀을 아는 데서 그치지 않고, 하나님의 말씀의 권세를 체험하는 사람들이 되어야 한다. 그것은 정상적인 그리스도인의 삶에서 마땅히 나타나야 할 부분이다(행 2:43).

우리는 국가와 결속한 교회가 아닌, 하나님을 힘입은 교회를 추구한다

그리스도인들은 때로는 우연히, 때로는 의도적으로 세상 정부와 긴밀하게 엮여 왔다. 이제 이러한 흐름에 변화가 필요하다. 교회와 국가가 분리될 때 진정한 풀뿌리 기독교가 가능해진다(마 4:8-10, 요 6:15, 17:14-18, 18:36, 행 17:7, 롬 12:2, 고후 10:3-4, 엡 6:12, 약 4:4, 요일 5:19).

4세기의 콘스탄티누스 황제 시절부터 교회와 국가 사이에는 정치, 군사, 경제, 문화적으로 매우 강한 유대관계가 형성되어 있었다. 이러한 결속으로 인해 교회의 순수성은 오염되었고, 그리스도의 제자를 세우는 일이 진정한 사명인 교회는 심각한 타격을 입었다. 이것이 역사적으로는 중세 십자군, 종교재판, 박해, 식민화, 민족 간 전쟁, 그리고 현대의 모든 종교적 구호 아래 빚어지는 갈등의 형태로 나타났다. 선의를 품은 그리스도인들은 이런 사건들을 통상 '정당한 전쟁론', 애국주의, 자기방어 내지는 구약성경 속 전쟁을 언급하는 방식으로 합리화를 시도했다. 이러한 태도는 일정 정도 효과가 있는 것처럼 보였지만 결정적으로는 기독교가 추구하는 복음 증거와 사역에 커다란 장애물로 작용했다.

진정한 변화는 국가와의 결속을 통한 교회의 막강한 영향력을 통해서가 아니라 하나님의 능력과 권세를 빌어 선포하는 풀뿌리 기독교의 섬김을 통해서만 가능하다.

우리는 교파가 아니라 도시 전역이 연합된 교회를 추구한다

그리스도의 몸인 우리는 교파가 다르다는 이유로 서로 나뉜 채 오랫동안 떨어져 지내왔다. 그것은 마치 도시마다, 나라마다 지부를 둔 기업, 기관 또는 정치단체와 다르지 않았다. 이제 그 흐름에 변화가 필요하다. 우리는 도시 전체가 하나의 교회로 연합을 이루어 함께 사역하는 풀뿌리 기독교를 추구한다. 복음 증거를 위한 전략의 일환으로 이런 방식이야말로 도시나 지역에 들어가는 데 효과적일 뿐만 아니라, 이는 신약 시대가 실천한 방식이기도 하기 때문이다(행 9:31, 15:36, 20:17, 롬 1:7, 고전 1:2, 고후 1:1, 갈 1:2. 엡 1:1, 빌 1:1, 골 1:2, 살전 1:1,

살후 1:1).

역사적으로도, 교파주의는 한 지역 내에서조차 그리스도인들이 서로 다른 진영으로 갈라지게 만들고 그리스도의 연합된 몸임에도 불구처럼 만드는 데 치명적으로 작용했다. 다행히도 하나님은 오늘날 그리스도인들이 그리스도를 위해 제자를 삼고자 하는 노력을 온전히 감당하도록, 연합에 방해가 되는 장애물들을 없애고 계신다. 따라서 가정교회 운동에 참여하는 우리는 기존의 교파에 따른 연대를 넘어서는 도시 차원으로 연합하는 교회를 중시하도록 서로를 격려한다.

우리는 유급 성직자가 아닌 일반 그리스도인으로서의 삶을 권장한다

오랫동안 우리는 기독교 지도자들을 전문직업인화 하는 데 적지 않은 노력을 기울여왔다. 이와 같은 종교적 계급 제도는 소위 성직자와 평신도 사이에 거대한 간극을 벌려놓았고, 이는 일반 그리스도인의 참여 결여라는 부작용으로 나타났다. 이제 그 흐름에 변화가 필요하다. 우리는 모든 '평범한' 일반 그리스도인이 왕 같은 제사장으로서 맡겨진 직분을 온전히 회복하고 실제적으로 감당하는 풀뿌리 기독교를 추구한다(벧전 2:4-10).

모든 신자는 그리스도의 몸 전체가 유익을 얻도록 자신의 영적 은사와 재능을 발견하고 사용하며 다듬을 수 있다(롬 12:4-8, 고전 12:7-12, 27-30). 모든 신자는 전통적으로 오직 성직자만 행할 수 있었던 성찬과 세례도 집례할 수 있다. 왕 같은 제사장인 모든 신자는 진정한 의미에서 성직자이며 하나님께 위임받은 사역자이기도 하다.

따라서 우리는 교황이나 추기경, 주교, 목사 같은 계급화하고 사례를 받는 성직 제도로부터 벗어나길 격려한다. 그 대신 우리는 신약성경에서 찾을 수 있는 초기교회의 방식으로 돌아가길 제안한다. 거기에는 협동 장로들의 지역 사역자 모임(자원봉사)과 순회 사역자 모임(필요시 재정적 지원을 받는)이 있었다(행 13:1-3, 14:23, 17:9-15, 20:1-6, 20:17, 33-35, 고전 9:1-18, 딛 1:5-9). 이 사람들이 바로 그리스도의 몸으로부터 인정받고 훈련 받은 풀뿌리 지도자들이었다.

우리는 성스러운 의식이 아닌 평범한 모임을 추구한다

우리 그리스도인은 연출되고 품위 있게 다듬어진 예식과 성스러운 의식을 행해 오면서 그것을 교회라고 불러왔다. 이제 그 흐름에 변화가 필요하다. 우리는 성령이 이끄시는, 열려 있고 참여와 상호작용이 활발하게 일어나는 '평범한' 모임을 가졌던 신약성경의 실행을 추구한다. 이 모임에서는 모든 사람이 다른 사람을 위해 자신의 영적 은사를 사용할 권리와 책임이 있었다.

가톨릭의 미사나 그리스 정교회 예배, 개신교의 강단설교는 불행히도 성도를 구경꾼으로 만든다. 우리는 대신 열려 있고 참여가 활발한 모임을 가진 사도적 실행을 권한다. "그런즉 형제들아 어찌할까 너희가 모일 때에 각각 찬송시도 있으며 가르치는 말씀도 있으며 계시도 있으며 방언도 있으며 통역함도 있나니 모든 것을 덕을 세우기 위하여 하라"(고전 14:26, 참조 고전 12:7-12, 27-30, 고전 14:36-38, 골 3:16, 엡 5:19-20, 히 10:25).

하나님의 성령께서 반드시 교회를 '통하여', 그리고 교회를 '향해' 말씀하시고 이끌어가셔야 한다. 예수님은 교회에서 '귀한 손님'이 아닌, 참된 주인이 되셔야 한다. 더 이상 원맨쇼도 없고, 다수를 위해 소수가 바쁘게 움직이는 모임도 없어야 한다. 기독교 구경꾼이 더 이상 생겨나지 못하게 하자.

우리는 성스러운 건물 대신 일반 가정을 선택한다

오랫동안 우리는 교회당, 예배당, 대성당 같은 소위 성스러운 전에서 모여왔다. 모임을 위한 대형의 전용 공간이 필요불가결한 요소가 되어왔다. 이제 그 흐름에 변화가 필요하다. 우리는 일종의 거실 운동으로서 일상의 장소인 평범한 '일반' 가정에서 모인다.

교회의 예배와 모임을 위한 대형의 전용 건물 자체가 잘못은 분명 아니다. 하지만 우리는 그 한계에 대해서도 인정해야 한다. 우선, 예배 구경꾼을 막기가 어렵다. 둘째, 복음을 들고 바로 옆 이웃에게 다가가는 일에서 의도치 않게 방해요소로 작용할 수 있다. 셋째, 엄청난 시간과 재정이 투입되는 건축 프로그램 또는 막대한 임대비용으로 인한 잠재적 대체효과의 상실이다. 지역의 소외된 이웃을 섬기거나 전략적 선교지에 믿음의 공동체를 시작하는 일에 필요한 자원 투입이 그만큼 줄어드는 것이기 때문이다.

일반 가정에서 이루어지는 교회 모임은 이와 비교할 때 단순하고 비용이 많이 필요하지 않으며 손쉽게 재생산 및 복제가 가능하다. 또한 친밀감이 높고 구성원 모두의 참여가 이루어지며, 모든 구성원이 자연스럽게 자신의 지도력을 개발할 수 있는 훈련장이 될 수 있다. 1세기 교회와 역사 속 다수의 개혁 및 부흥 운동, 그리고 오늘날 선교지에서 빠르게 확산되는 교회개척 운동이 주로 가정 단위 모임의 분립 방식을 취하는 것은 놀라운 일이 아니다(행 12:12, 16:14-15, 29-34, 20:20, 롬 16:3-5, 고전 16:19, 골 4:15, 몬 1:2).

우리는 거룩한 헌물이 아닌 공공의 유익을 위해 헌금한다

오랫동안 우리는 교회의 제도 및 성직 유지를 위한 재정적 지원을 감내해왔다. 이런 흐름에 변화가 필요하다. 우리는 능력에 기초하여 필요한 때에 자발적으로 그리고 즐거이 헌금하기를 원한다. 재정 문제에 대한 그동안의 전통적인 기부 및 투입 방식은 우리가 1세기의 신약성경에서 종종 목격할 수 있는 형태와 뚜렷한 대조를 이룬다(행 2:43-45, 4:32-35, 11:27-30, 롬 15:25-28, 고전 16:1-4, 고후 9:1-15, 갈 2:1,9-10).

첫째, 전통적인 교회에서 재정의 상당부분은 교회 건축 및 임대, 전임 성직자의 사례, 그리고 각종 프로그램과 예배 진행을 위해 투입되었다. 1세기 교회에선 이러한 비용 지출이 없었으며, (자원봉사였던) 지역 사역자 및 (필요시 재정 지원을 받은) 순회 사역자를 위해 필요할 때 모금을 하는 정도였다. 그리고 대부분의 재정은 구제와 선교를 위해 투입되었다.

둘째, 십일조 역시 신약성경에서 그리스도인을 위한 표준적인 의무 조항은 아니었다. 대신 사도들은 관대함이라는 원리를 제시했다. 모든 사람은 도움이 필요한 누구에게든 할 수 있는 만큼 또한 할 수 있는 때에 자발적으로 즐겁게 헌금했으며, 어떠한 죄책감이나 강요에 의해서 그렇게 하지도 않았다. 따라서 우리는 재정과 자원에 관한 신약성경의 원칙과 실행으로 돌아갈 것을 주장한다.

우리는 거룩한 날이 아닌 일상의 날을 추구한다

그리스도인은 교회의 각종 절기와 기념일 같은 소위 '거룩한 날'들을 중시해왔다. 이제 이런 흐름에 변화가 필요하다. 우리는 일상의 날 중 아무 때든지, 아무 계절이든지, 기독교의 정신이 실현되어야 한다고 생각한다.

그리스도인은 어떤 특정한 날에만 종교적 의무감으로 모이기보다는 일 년 365일, 일주일에 7일, 하루 24시간 언제든지 자유롭게 만나서 그날을 기념할 수 있다. 우리는 바울이 말한 것에 동의한다. "그러나 너희가 그 때에는 하나님을 알지 못하여 본질상 하나님이 아닌 자들에게 종노릇 하였더니 이제는 너희가 하나님을 알 뿐 아니라 하나님이 아신 바 되었거늘 어찌하여 다시 약하고 천박한 초등학문으로 돌아가서 다시 그들에게 종노릇 하려 하느냐? 너희가 날과 달과 절기와 해를 삼가 지키니 내가 너희를 위하여 수고한 것이 헛될까 두려워하노라"(갈 4:8-11, 참조 롬 14:4-6, 골 2:16-17).

우리는 일상의 아무 날이든 자유롭게 만나 서로를 격려하고 날마다 세상으로 뻗어나가야 한다.

열방의 풀뿌리 그리스도인들이여, 이 운동에 함께 하자.

◇ 그룹토의를 위한 질문

1. 10가지 선언 중에서 당신에게 깊은 공감을 불러일으키는 것이 있는가? 혹은 당신에게 우려스러운 내용이 있는가?

2. '기독교 교회의 역사는 선지자적 종교와 제도적 종교 사이의 투쟁 이야기이다'라는 말에 대해 어떻게 생각하는가? 이것은 오늘날 어떻게 적용되는가?

3. '가정교회 운동'이 당신 주위의 삶에서도 활발하게 일어날 수 있다고 보는가? 이런 가정교회 운동을 적극 실현하려면 어떤 환경이 필요하며, 주의해야 할 장애물은 무엇일까?

6장
실제적 고려사항 : 가정교회의 시작과 성장

The Global House Church Movement

The Global
House Church
Movement

신약성경에서 찾을 수 있는 1세기의 초기교회 형태, 즉 30명 정도의 그리스도인들이 개인의 가정에서 모임을 갖는 모습은 아직도 많은 곳에서는 낯선 현상이므로 분명 불확실성과 현실적인 문제들이 존재한다. 이번 장에서는 우리가 가정교회를 처음으로 구성하고 여러 장애물을 극복하며 재생산과 분립까지 나아가는 데 필요한 실제적인 조언들을 제공한다.[1] 다음은 저자가 소그룹과 가정교회를 시작하고 인도하며 얻은 경험에 기초한 것들이며, 교회 역사와 사명에 대한 연구, 가정교회 운동을 하는 다른 사람들과의 교류에서 나온 것들도 있다.

---

1. 〈부록4〉를 참조하라.

가정교회의 시작

분명한 비전을 세우기

가장 중요한 일은, 시작할 때부터 가정교회의 목표와 구조에 대한 분명한 청사진을 갖는 것이다. 우리는 교회의 실행 방침을 위한 최종 권위인 성경에 철저히 복종해야 한다. 성경적인 가정교회를 위해 최우선적이며 가장 중요한 것은 서로의 유익을 위해 모든 사람이 영적 은사를 발휘하는 열려 있고 참여지향적인 모임이 되어야 한다는 점이다.[2] 이 모임은 수동적인 다수를 위해 소수가 섬기는 모임도 아니고, 단순히 누군가의 거실로 전통적인 주일예배를 옮겨온 것도 아니다. 또한 가정교회는 전통적인 교회에 단순히 기도모임이나 성경공부 그리고 셀모임을 덧붙여 놓은 것도 아니다.

　다시 환기하자면, 신약성경 형태의 가정교회는 그 자체로 모든 교회 역할을 가지고 있으면서, 자유롭게 성찬과 세례, 결혼, 장례 그리고 제자훈련을 할 수 있는 교회이다. 가정교회는 작은 팀으로 구성된 장로들에 의해 인도되고, 작은 그룹으로 가정에서 서로 만나 기도하고 예배하며, 성경공부, 토론, 멘토링, 전도, 식사와 교제를 나누는 모임이다. 모든 가정교회는 안정성과 신뢰성 그리고 비전을 공유하기 위해 다른 가정교회와 밀접한 네트워크로 연결되어 있어야 한다. 오래된 신자든지 영적으로 갓 태어난 신자든지 간에 최초로

---

2. 고전 14:26, 엡 5:19, 골 3:16, 히 10:24-25

가정교회를 시작하는 사람들은 이러한 사실을 이해하고 확고한 신념을 가져야 한다. 이는 건강한 교회의 출발에 있어 필수적이다.

핵심그룹 형성하기

먼저 하나님의 부르심을 분명히 확신하며 이러한 방향으로 가려는 몇 사람을 찾아야 한다. 이러한 최초의 그룹이 핵심 팀을 형성하게 될 것이며 이를 통해 하나님이 가정교회 네트워크를 세우기 시작하신다. 따라서 이런 핵심 그룹을 형성한 사람들이 부르심에 대한 확신을 갖고, 사명을 분명히 이해하며 헌신하는 것이 중요하다. 어떤 기독교 공동체를 가더라도 개척자와 초기 수용자, 후기 수용자, 느리게 따라오는 사람들이 섞여 있기는 하지만, 최초 모임의 구성원으로 누구를 선택할 것인지에 대해서는 매우 신중해야 한다.

본의 아니게 많은 그리스도인들이 새로운 가정교회를 방해하게 되는 경우가 있다. 이들은 산만한 생각들을 혼합시키려 하거나 단순히 새로운 모임에 대한 흥분으로 참여하길 원한다. 예수님도 많은 심사숙고와 기도 그리고 여러 번의 만남을 통해 열두 제자들을 선택하신 것처럼 우리도 초기에 함께할 이들을 매우 신중하게 선택해야 한다는 사실을 기억하자.[3]

또한 초창기에 사역을 잘 해나가기 위해서는 신약성경 형태의 가정교회 개척에 헌신된 복음적인 기관이나 복음 사역자들과 함께 일

---

3. 눅 6:12-16

하는 것도 중요하다. 특히 초기 목표가 복음적으로 헌신된 핵심 그룹을 이루는 데 있다면 말이다.

전도대상 정하기

가정교회 초기에 마주하는 복음증거를 위한 또 하나의 중요한 문제는 대상 그룹을 정하는 것이다. 이미 핵심 그룹으로 참여한 사람들이 가장 관심을 두고 있는 대상은 누구인가? 그들은 어떤 민족이나 언어 집단, 또는 사회적 경제적 계층, 또는 특정 연령층인가? 하나님의 경륜이라는 큰 관점에서 본다면 남자나 여자, 부자나 가난한 자, 가방끈이 길고 짧은 것, 젊은이나 늙은이, 또는 유대인이나 이방인이나 차이가 없지만,[4] 본성적으로 사람들은 친숙함이나 편안함 때문에 대부분 자신과 비슷한 사람들에게 끌리게 마련이다. 이것은 사도 바울의 사역에서도 볼 수 있는데, 그가 "여러 사람에게 여러 모습이 된 것은 아무쪼록 몇 사람이라도 구원하고자"[5] 함이었다. 그리스도의 몸의 다양성을 반영한다는 이유로 인위적으로 이질적인 지역 그룹을 만들기보다는 호감도를 높이는 동질성의 원리가 가정교회 네트워크에서 보다 전략적으로 적용될 수 있다. 예를 들면, 오늘날 가정교회나 셀모임을 이용하여 빠르게 성장하는 교회 개척 운동은 주로 단일 문화 민족군을 가진 라틴 아메리카, 중국, 인도, 캄보디아

---

4. 갈 3:28-29, 골 3:11
5. 고전 9:19-23

등에서 일어난다.[6] 따라서 특히 다민족 국가에서는 이런 주제에 대해 심각하게 고려해 보아야 한다. 일단 전도 대상이 정해지면, 대상 그룹의 사람들을 최대한 만날 수 있는 지리적 구역이나 사회적 경계를 정하는 것이 다음 전략을 위한 초점이 될 것이다.

가정교회의 운영

본보기(원형) 세우기

처음 세워진 가정교회는 가정교회 네트워크가 시작될 때 다른 교회들이 따르는 하나의 본보기(원형)가 된다. 가정교회가 분립되기 전에 첫 교회 안에 있는 문제를 어떻게 해결하는가는 좋은 선례로 자리 잡을 것이다. 따라서 최초 그룹을 확실하게 건강하고 균형 잡힌 모임으로 만들어야 한다. 실수를 피하고 막다른 길로 내려가는 것을 피하는 가장 좋은 방법은, 빠르게 성장하는 교회개척 운동의 핵심 요소를 새로 시작하는 교회에 도입하는 것이다. 균형 잡힌 모임에 필요한 5가지 핵심 요소는 다음과 같다. (1) 예배와 기도, (2) 전도와 선교, (3) 교육과 제자훈련, (4) 실천 사역, 그리고 (5) 교제.[7] 이것들이 실제적으로 의미하는 바에 대해 알아보자.

---

6. David Garrison, *Church Planting Movements*, 1999.
7. David Garrison, p.36.

형식

가정교회 모임은 엄숙하게 마련된 전통적인 예배 의식을 단순히 거실로 옮겨온 것이 아니다. 이때는 모든 사람이 모임 안의 다른 사람을 위해 하나님이 주신 영적 은사들을 나누는 시간이다.

이를 염두에 두고 가정교회 모임을 이룰 때 당신이 맡을 수 있는 몇 가지 일들이 있을 것이다. 예를 들면 기도, 묵상, 경배와 찬양, 식사, 성경공부, 성찬, 세례, 예언 등이다. 이러한 요소들은 완전히 즉흥적으로도 참여할 수 있고 또는 일정한 계획 아래 자연스럽게 정착시킬 수도 있다.

어떤 방식을 사용하든지 핵심은 모든 사람이 참여하고 기여할 수 있도록 풍성한 기회를 제공해야 한다는 것이며, 이것이 전통적인 교회의 주일예배와 다른 지점이다. 전통적인 예배에는 수동적인 청중들을 위해 몇 가지 순서를 정해놓는다. 그러나 예수님은 단순히 모임의 귀빈 정도가 아니라, 반드시 모임을 이끄는 분이 되셔야 한다. 가정교회 지도자들은 모임에 참여하는 사람들에게 질문이나 관심 주제를 던져줌으로써 참여를 유도할 수 있다. 소극적인 성향의 사람들도 적극 참여하도록 유도하고 성령께서 다음에 무엇을 하길 원하시는지 알아야 한다. 한 사람이 모임을 주도해서는 안 된다.

5W모임. 어떤 사람들은, 체계가 잘 잡혀 있으면서 한편으로는 융통성도 갖춘 모임을 기대한다. 즉 모임의 핵심 요소들이 일관되게

제공되어 건강하고 균형 잡혔으며 초점이 분명한 체계를 원하면서도, 모든 구성원이 기회가 될 때마다 골고루 참여할 수 있기를 바란다. 그러므로 가정교회에서는 유연한 형식의 5W라는 것을 마련하는데 이는 환영(Welcome, 어색함을 깨는 시간), 예배(Worship, 찬양과 기도), 말씀(Word, 토론 및 성경공부), 사역(Works, 기도, 예언 또는 문제를 해결하는 상호 사역의 시간), 그리고 증언(Witness, 아웃리치에 참여하거나 계획)으로 이루어져 있다. 그런 후에 더 작은 그룹으로 집안 곳곳에 흩어져서 집중적인 기도와 토론 및 상호 격려 등을 행한 후 마친다. 이렇게 하다보면 때로는 5W가 고정된 형식으로 인식될 위험이 분명 존재한다. 이를 방지하기 위해 어떤 가정교회는 이런 형식과 완전히 열린 형식을 혼합하여 양쪽을 모두 취하는 경우도 있다. 이런 체계화된 형식은 구성원들이 모임에 정착하고 완전히 열린 형식의 모임에 어떻게 참여하는지 이해할 때까지 일시적인 단계로 이루어질 수 있다.

열린 모임. 많은 가정교회들이 완전히 열린 예배 형식을 가지고 있는데, 여기에는 아무 것도 계획된 것이 없이, 모든 사람이 지난 한 주 동안 개인적으로 그리스도를 만난 경험을 나누고 실제 모임이 이루어지는 동안에도 개인의 영적 은사들이 사용되도록 그리스도의 인도하심을 받는다. 사람들은 다른 이들과 함께 나눌 준비가 되어 있어야 한다. 이것이 고린도전서 12:7-12 그리고 14장에 언급된 성령께서 이끄시는 모임이다. 이 모임에서 모든 사람의 영적 은사와 재능이 발휘된다.

이런 열린 모임을 위해서는 먼저 어떻게 교회가 함께 모이는가를 새롭게 배우고 발견해야 한다. 이것은 오래된 관행을 버릴 것을 요구한다. 기도나 성경공부를 하려고 계획을 세워 모이지 않고, 또는 우리가 이미 교회에 대해 알고 있다는 선입견을 버리고, 단순히 식사를 위해 함께하는 정도로 모이는 것은 하나의 좋은 출발점이 된다. 오직 서로 나누고 참여할 준비만 해서 오는 것이다. 그러면 식사 시간 동안 함께 모이는 가운데, 사람들은 그리스도의 인도하심으로 무엇을 해야 하고, 교회는 어떠해야 하는지 발견하게 될 것이다. 이것은 마치 예수님이 열두 제자와 함께 식사하시면서 하나님의 일에 대해 말씀하시던 만찬을 생각나게 한다.

조직
조직에 대해 자세히 살펴보기 위해 몇 가지 실제적인 이슈들을 고려할 필요가 있다.

모임 빈도. 가정교회는 서로의 결속을 유지하기 위해 일주일에 한 번에서 세 번 정도 만나는 것이 적당하다. 이것보다 더 자주 만나지 않는다면 결속력을 깨뜨릴 수 있다. 이것보다 더 자주 만난다면 사람들이 지치게 되며, 특히 정기적으로 모임을 준비해야 하는 사람들에게는 더욱 그렇다.

모임 날짜. 모든 사람에게 편한 시간을 정하는 것이 가장 좋은 선택이지만, 인도자는 특정한 전략적 이유를 위해 주일 아침에 모임을 갖는 것도 고려할 수 있다. 현재 또는 미래의 참석자들은 자신이 가정교회에 온전히 참석할 것인지, 전통적인 교회 활동에 더해진 보충모임 정도로 생각할지 선택해야 한다. 이것은 또한 단순히 기독교 안에서 새로운 유행을 찾고자 할 뿐 가정교회에 전적으로 헌신할 계획이 없는 사람들을 걸러내는 의미도 있다.

모임 시간. 모든 사람이 적당한 정도로 참여를 가능하게 하는 모임은 보통 한 시간 반에서 세 시간 사이가 적당하다. 또한 분명한 모임 종료시간이 있어야 하며(성령께서 다른 말씀이 없는 한), 따라서 모임을 떠나야 하는 사람은 어떤 죄책감 없이, 중요한 약속을 놓치지 않고 떠날 수 있어야 한다. 물론 원하는 사람은 모임에 자유롭게 남을 수도 있다.

모임 장소. 모임을 위한 가정을 결정하는 데는 두 가지 방식이 있다. 어떤 사람들은 모임의 계속성을 위해 같은 집에서 모이기로 결정한다. 그 집 주인이 가진 관대한 성향이나 집의 크기와 편안함이 이유가 되기도 한다. 반면 다른 사람들은 모든 사람이 돌아가며 모임을 열 수 있는 기회를 가짐으로써 가정교회에 대한 주인의식을 고취하고 한 가정에 큰 부담을 주는 것을 피하고자 한다.

모임 규모. 가정교회는 조직화된 모임과 달리 언제나 열려 있고 상호참여적이며 가족적인 분위기에 가치를 두기 때문에 모이는 사람의 수를 대략 6명에서 12명 사이로 유지하는 것이 바람직하다. 저자의 경험으로는 6명 이하의 그룹은 대개 점점 수가 줄어들거나 흐지부지 되는 경우가 많은데 이는 교제의 폭이 협소하고 기회가 점차 줄어들기 때문이다. 반면에 12명 이상의 그룹은 친밀감을 키우거나 모든 사람이 골고루 참여할 기회를 잃어버리기 쉽다. 오늘날 급성장하는 교회개척 운동은 대략 10명에서 30명 사이 규모의 가정교회와 셀모임을 만들고 있다.[8]

모임 형태. 오늘날 대부분의 가정교회는 모든 사람이 한번에 하나의 그룹으로 함께 참여하는 단일 셀 형태의 모임이다. 이런 가정교회는 의도적으로 활발한 소그룹 활동을 통하여 친밀감을 활성화하도록 노력한다. 반면 어떤 가정교회는 다중 셀 형태의 모임을 유지한다. 이 모임은 첫 시간에 20-30명이 집안의 큰 방에서 함께 모인 다음 그 후에 좀 더 친밀하고 개인적인 교제를 위해 작은 방에 몇 명으로 나누어 다시 모이는 형태다. 또 어떤 가정교회는 매주 여러 개의 '셀모임'을 하고, 한 달에 한번 모든 셀이 한 가정에 모이는 경우도 있다.

---

8. David Garrison, p.35.

의사결정. 가정교회는 서로 친밀감을 유지하는 대부분의 모임이 그렇듯, 현재와 장래를 결정하는 많은 사안에 대해 단순 혹은 복잡한 토론과 나눔을 진행해야 한다. 신앙, 복음증거, 재정, 자녀, 교육, 관계, 진로 문제 등이 그런 것들이다. 이미 여러 차례의 절차를 거쳐 결정이 내려진 사안들은, 좋든 나쁘든, 일정한 관행처럼 굳어버리기 때문에 나중에 바꾸기가 힘들어진다. 따라서 교회의 의사결정 절차는 매우 중요한 사안에 해당한다. 현실적으로 보면 다수결에 의한 투표 방식이 있고, 그렇지 않으면 지도자 모임에서 해당 사안에 대해 결정을 내리는 방식도 있다. 하지만 나는 이 두 가지 방식 모두 효율적이거나 편리할 순 있어도, 성경적이라고 생각하지는 않는다. 오히려 가정교회에 참여하는 모든 구성원이 모인 자리에서 해당 사안을 놓고 함께 기도하고 서로를 배려하며, 주어진 여건을 고려하고 성경을 찾아보는 절차를 지도자 팀(혹은 다른 누군가)이 의도적으로 시작하고 밟아가야 한다. 우리가 신실하고 정직한 마음으로 주님의 뜻을 구한다면, 주인의식과 상호 인정하는 분위기 속에서 의사결정의 합의가 이루어질 것이다.

자녀. 가정교회를 시작하려는 사람들과 이야기하다 보면 자녀들에 대한 질문이 먼저 나온다. 이를 위해 흔히 사용되는 접근방식으로는 어울림, 특성화 그리고 부모의 견습 등 3가지가 있다.
- 어울림 : 어떤 가정교회는 십대와 유아들을 모두 모임에 참여

시키며 그들의 필요를 채울 뿐만 아니라 십대와 유아들 역시 모임에 기여할 수 있는 기회를 갖도록 한다. 이런 교회는 젊은 세대도 시니어 세대에게 무언가 기여할 수 있게끔 기회를 마련하고 다양한 세대가 어우러지는 방식을 사용한다.

- 특성화 : 어떤 교회는 아이들이 집안의 별도 공간에 따로 모여 그들만의 모임을 갖도록 '특별 시간'을 마련한다. 어쩌면 여러 가정교회가 연합하여 그들의 십대와 유아 자녀들을 위해 특성화된 프로그램을 실행할 수 있을 것이다. 십대 후반이나 대학 진학 예정인 자녀들의 경우에는, 그들이 속해 있는 가정교회 네트워크의 지원을 받아 젊은 세대가 주축이 되어 이끌어가는 그들만의 가정교회를 구성할 수도 있다.

- 부모의 견습 : 평소에 부모가 자녀들의 영적 지도를 책임지게 하는 것이다. 어린 자녀는 많은 시간을 부모와 함께 보내기 때문에 좋든 나쁘든 부모에게서 가장 큰 영향을 받는다. 십대와 유아 자녀들은 부모가 하는 행동을 모방하려는 경향이 있으므로, 엄마 아빠가 먼저 신실한 그리스도인의 삶을 살도록 도전해야 한다. 부모가 전적으로 교회 내의 프로그램에만 의존하는 것은 이런 사실을 인식하지 못하는 것이며, 일상의 가정에서 주님의 방법으로 자녀를 키워야 하는 부모로서의 책임과 기회를 잃어버리는 것이다.[9] 자녀 양육을 돕는 특별 프로그램은 분명한 장점이 있지만 부모가 삶으로 보

---

9. 신 11:19, 잠 22:6

여주어야 할 영적 모범과 자녀에 대한 리더십을 보완하는 정도이지 결코 대체용이 아니다.

공동체 생활

가정교회는 누군가의 가정에서 매주 열리는 모임만을 의미하지 않는다. 핵심은 매일의 삶과 사역에서 영적으로 변화된 관계성을 다져가는 것이다. 상호책임과 격려, 멘토링과 리더십 개발을 위해 비공식적이지만 계획된 수준의 '중간 단계의 모임'이 필수적이다. 가정교회는 공식적으로는 일주일에 최대 3차례 정도 한정된 시간에 모이지만 그것으로 끝이 아니다. 공식화된 모임 말고도, 가정교회는 하루 24시간, 일주일 내내 계속되는 공동체요 가정을 의미하며, 하나님이 우리의 삶에서 변화를 이끌어내기 위해 매순간 사용하시는 용광로이기도 하다.

이것의 실제적인 의미는 다른 사람과 질적이고 양적인 시간을 함께한다는 뜻이다.[10] 이는 상호간의 삶을 잇댄 사역이요, 다른 사람이 자신의 삶에 들어오도록 허락하는 것이다. 우리는 다른 사람과 함께 산책하며 식사하는 것, 같이 쇼핑을 하고 운동하는 것, 같이 영화를 보고 커피를 마시는 것처럼 함께 시간을 보내는 일을 과소평가해서는 안 된다. 공식적인 가르침보다 이런 비공식적인 시간에 더 많은 것을 얻게 된다고 사람들은 말한다.

10. Dietrich Bonhoeffer, *Life Together*, Harper and Row, 1954.

로버트 콜먼은 그의 책 『주님의 전도 계획』에서 예수님이 어떻게 열두 제자들을 훈련시키셨고, 그들이 어떻게 제자라는 그룹의 정체성을 갖게 하셨는지 탁월하게 설명한다.

> 예수님이 몇 명의 제자들과 함께 보낸 시간은 다른 사람들과 보낸 시간과 비교했을 때 너무도 많은 시간이었고 이는 예수님의 의도적인 전략이라고 여길 수밖에 없다. 예수님이 제자들과 함께 보낸 시간은 사실상 전 세계 다른 사람들과 함께 보낸 시간보다 더 많다. 그분은 전체 사역 중에 대부분의 시간 동안 제자들과 함께 먹고 함께 잤으며 함께 이야기를 나누었다. 그들은 외진 길을 함께 걸었다. 그들은 복잡한 도시를 함께 찾았다. 그들은 갈릴리 바다에서 함께 배를 탔다. 그들은 함께 광야와 산에서 기도했다. 그리고 그들은 함께 회당과 성전에서 예배했다.[11]

일대일 제자훈련 연결망

2장에서 언급한 것처럼 나에게는 3명의 영적 멘토가 있었다. 이 사람들을 통해 7세대를 거슬러 올라가면, 나의 영적 유산은 네비게이토 선교회의 설립자 도슨 트로트만에까지 이른다. 나는 도슨 트로트만을 모르고 그도 나를 모르지만, 60년 전에 하나님께 쓰임받고자 했던 그의 열정과 몇 명의 사람들에게 쏟은 그의 수고 덕분에 내 삶은 깊은 영향을 받게 되었다. 오늘날 전 세계 수많은 사람들도 나

---

11. Robert Coleman, *The Master Plan of Evangelism*, Revell, 1994, p.45.

와 비슷한 고백을 할 수 있을 것이다.

한 영혼을 자신의 날개 아래 품는 수고는 참으로 성경적인 모습이다. 신약성경에서 우리는 회심한 바울을 격려하는 바나바를 볼 수 있고, 바울이 디모데가 지도자로 굳게 서도록 영향을 끼치고, 그 후에 또다시 디모데가 다음 세대 지도자들을 훈련하는 과정을 헤아릴 수 있다. 더 일찍이 구약성경에서도 우리는 엘리야가 엘리사의 영적 아버지가 되는 것과, 두 친구 다윗과 요나단이 서로에게 멘코가 되어 배우곤 했으며, 모세가 여호수아를 자신을 이을 지도자로 세우는 것을 목격한다. 성경의 지도자 훈련과 제자도는 대개는 실습과 현장수업, 도제 방식으로 이루어졌다.

결과적으로, 나의 관점과 경험으로 미루어볼 때 '일대일' 제자훈련 및 '사슬처럼 연결된' 제자훈련은 가정교회 운동에 있어 필수적인 요소이다.[12] 모든 사람은 다 영적 멘토가 필요하다. 믿음의 문턱에 서 있는 사람, 갓 태어난 그리스도인, 성장하는 그리스도인, 개인적 위기를 통과하고 있는 그리스도인, 또한 현재와 미래의 그리스도인 지도자, 이들 모두에게 제자훈련이 필요하다. 다시 말해, 그리스도를 따르는 여정을 우리보다 앞서 걸어간 모든 이들로부터 유익을 얻을 수 있다. 그리스도의 몸 된 교회 안에는 많은 선생들이 있지만,

---

12. Larry Kreider, *The Cry for Spiritual Fathers and Mothers*, House to House Publications, 2000; Jim Peterson, *Lifestyle Discipleship*, NavPress, 1993; Paul Stanley and Robert Clinton, *Connecting: The Mentoring Relationships You Need to Succeed*, NavPress, 1992.

사람들과 함께 걸으며 또한 그들이 성장하는 것을 지켜보며 필요를 채워주는 영적인 부모는 부족하다.

영적 멘토가 될 자격이 있는 사람은 누구인가? 모든 사람이다. 다른 사람이 영적으로 성장하도록 돕는 데 하나님이 자신을 사용하시길 원하며, 자신이 알고 있는 무엇인가를 다른 사람에게 전해주고자 하는 뜻이 있는 한 우리는 자격이 있다. 이것은 우리가 다른 사람이 원하는 모든 것을 해주고 모든 문제의 해답을 갖고 있어야 한다는 말은 아니다. 우리는 우리에게 조언을 기대하는 이들이 앞을 향해 발걸음을 내딛는 데 분명 도움을 줄 수 있을 것이다.

그러면 어떤 방식이 되어야 할까? 멘토와 멘티 양쪽에 도움이 되는 방식이 되어야 한다. 멘토가 되기도 하고 또한 멘토링을 받기도 했던 나의 개인적인 경험으로는 계획적인 일대일 만남이 몇 개월, 경우에 따라서는 몇 년 동안 지속되었으며, 이를 통해 인생문제, 영적 질문, 그리고 사역 기술 개발 등이 다루어졌다. 이 사역은 물론 평소의 비공식적인 교제와 조화를 이루며 진행되었다. 사실 함께 사역을 한다는 것은 굉장한 경험이다. 함께 병원에 있는 아픈 친구를 방문하거나, 도시 주변을 산책하며 기도하거나, 함께 친구를 전도하는 것 등을 생각해보라. 사람들은 좀 더 깊이 있는 대화가 가능한, 비교적 격식을 갖추지 않은 교제의 시간을 활용하는 방식을 선호한다. 제자훈련은 공식적인 교육을 통해서가 아닌, 일상과 일상이 함께 어우러지는 방식을 통해 보다 큰 역사를 발휘한다.

기대와 바운더리는 무엇인가? 멘토링 관계를 시작하는 사람들은 어떤 영역에서 도움을 필요로 하는지에 대한 기대뿐 아니라 어떤 영역까지 다룰지에 대한 구체적인 바운더리를 정해놓아야 한다. 예를 들어 이 멘토링 관계 안에서는 결혼, 재정, 가정, 성, 문화, 진로, 학업, 그리고 사역 비전과 기술 등을 포함시킬 수 있다. 시작할 때부터 두 사람이 어떤 영역까지 다룰지에 대한 바운더리를 정할 수 있으며 여기에는 모임의 시간과 빈도, 멘토링 관계의 지속 기간, 어느 수준까지 계획적으로 할 것인지 여부, 그리고 어떤 상황이 된다면 그 관계를 마칠 수 있는지도 포함된다. 이런 바운더리 설정은 특히 '절실한 도움'이 필요한 개인을 지도할 때 유용하다.

이를 통해 우리가 기대하는 결과는 무엇인가? 가르치는 것만큼 본을 보이는 것이 중요한데 이는 일상에서 부대끼며 펼쳐지는 사역이기 때문이다. 우리는 자신이 좋든 싫든 간에 결과적으로 우리와 비슷한 사람들을 키우게 될 것이다. 자기가 기도에 약한 사람이라면 멘티 역시 비슷한 성향을 지닌 사람이 될 수 있다. 자기가 복음증거하는 부분에 강하다면 멘토링 관계에 있는 두 사람은 그 부분에 조금 더 집중할 수 있다. 우리가 지도하는 사람들은 우리 안에 있는 것을 보는 대로 따라 한다. 이미 잘 성장하고 있거나 성숙한 그리스도인들의 경우는 아니지만 갓 회심한 그리스도인을 지도할 경우엔 대체로 그렇다.

마지막으로, 우리가 효과적인 제자훈련을 통해 사람들에게 영적 도전을 주고 주님의 사람으로 성숙시킨다면, 이후에는 그들 스스로 하나님의 사람으로서 자신의 역할을 감당할 뿐 아니라 분립하고 재생산하는 가정교회의 영적 자원으로서 활약하게 될 것이다.

가정교회 지도자의 역할

가정교회의 핵심적 특징은 개방적이고 상호적이며 참여적인 것이어야 하지만, 건강함과 성장을 위해서는 어떤 형태이든 실질적인 지도력이 여전히 필요하다. 가능하다면, 각 모임마다 리더십을 공유할 수 있는 두세 명의 지도자로 이루어진 작은 팀을 갖는 것이 가장 좋다. (신약성경에서 장로들로 불린) 이 지도자 팀은 목양과 전략 수립이라는 두 가지 영역에서 책임을 맡게 된다. 다음은 일반적으로 지역 사역자들에게 해당하는 내용이지만, 예외적인 경우가 아니라면 순회 사역을 하는 지도자들에게도 적용 가능하다.

목양. 이것은 교회 구성원들을 향한 장로들의 양육의 '마음'을 가리킨다.[13] 장로들이 감당하는 목양은 모임의 분위기나 정서적 유대감을 조성하는 데 기여한다. 장로는 사람들 사이의 관계를 격려하고 분쟁을 해결하며, 사람들을 위해 기도하고 특별한 관심사나 성장을 위한 필요를 알아낸다. 이것은 장로들만 단독으로 지도 목회자처럼

---

13. Henri Nouwen, *In the Name of Jesus: Reflections of Christian Leadership*, Crossroad, 1998.

활동하며 모든 사람의 양육을 전적으로 책임진다는 말은 아니다. 또한 장로들만이 가정교회에서 지도와 목양의 은사를 받은 사람이라는 말도 아니다. 다만 그들은 어떻게 해서든, 누구를 통해서든 교회의 모든 구성원의 필요를 채우기 위해 애쓴다는 의미다. 이 역할을 잘 감당하려면 자신들이 무엇을 해야 하는지에 대한 정확한 인식이 필요하다. 더불어 사람들의 형편을 누구보다 잘 알아야 한다. 거기에 더해, 장로들은 성찬과 세례가 올바르게 거행되는지 감독할 책임이 있다.

전략 수립. 이것은 교회의 여러 중대한 사안들에 대해 결정을 내리는 장로들의 '머리'로서의 역할을 말한다.[14] 장로들의 전략적 역할은 모임을 계획하고, 미래의 지도자를 발굴하여 훈련하며, 복음 증거의 본을 보이고 격려하며, 또 다른 가정교회를 개척하거나 분립시키는 것이다. 그렇다고 해서 모든 일에 장로들이 모임의 다른 구성원과 상의도 없이 독단적으로 결정을 내릴 수 있다는 말이 아니다. 오히려 그들은 가정교회의 재생산 및 분립, 복음 증거, 제자훈련을 위한 보다 큰 비전을 제시하고 적극 소통함으로써 가정교회가 하나의 팀으로서 의견을 모으고 사명을 성취하는 일에 나서도록 격려해야 한다.

---

14. Robert Coleman, *The Master Plan of Evangelism*, 1994.

가정교회 지도자의 훈련

가정교회가 건강하게 성장하며 분립해가기 위해 지도자는 적절한 훈련을 받고 좋은 목자이자 전략가가 되어야 한다. 제이슨 존스톤과 내가 함께 개척한 캐나다 가정교회의 비전 선언문은 도전적이며 흥미롭다. '그리스도의 복음을 들고 열방으로 나아갈 가정교회의 증식을 위해 지도자들을 훈련하라'. 이를 달성하기 위해 (지역 사역자와 순회 사역자를 위한) 3가지 훈련 과정을 조합시킬 것을 강력히 추천한다.

지도자 모임. 지도력 개발을 위해 한 달에 한 번 내지 두 번 가정교회나 가정교회 연합의 지도자들이 모이는 것이다. 이것은 '4D' 접근방식으로 불리는데, 꿈꾸기(Dream) – 훈련(Drill) – 토론(Discuss) – 만찬(Dinner)이 포함된다. '꿈꾸기'에서는 가정교회 네트워크의 보다 큰 비전과 목적을 분명하게 가르친다. '훈련'에서는 효과적인 그룹 토의 인도, 멘토링, 전도 전략 등과 같은 가정교회 지도자들이 부딪히는 실제적이고 세밀한 문제들이 언급된다. '토론'은 열린 그룹 대화, 질문과 대답, 현안에 대한 난상토론 등의 시간을 갖는 것이다. '만찬'은 문제를 내려놓고 편안하게 교제를 나누는 시간이다.

도제식 접근. 이 방식은 MAWL 원리를 활용한다. 이는 본보이기(Model), 지원하기(Assist), 지켜보기(Watch), 그리고 떠나기(Leave)다. 이 방식은 중국의 외딴 지역에서 시작된 교회개척 운동을 통해 성공적으로 활용되었으며, 해당 훈련 과정을 통해 1993년에 3개이던 교회가 1998년에 550개의 교회로 배가되었다.[15] '본보이기'는 장래에 2세대를 책임질 잠재적 지도자들을 포함하는 1세대 가정교회가 되는 것을 의미한다. '지원하기'는 최초의 1세대 가정교회가 다른 가정교회로 분립하거나 새로운 가정교회를 개척하고, 새로운 지도자들이 그 신생 가정교회의 지도를 담당하게 하도록 돕는 것이다. '지켜보기'는 2세대 교회가 최초의 교회나 지도자로부터 어떠한 직접적인 간섭 없이 3세대 교회를 시작할 수 있도록 하는 단계이다. '떠나기'는 2세대, 3세대 교회가 자립하도록 완전히 놓아주는 것이다. 이것은 네트워크 안의 모든 가정교회들에게 '분립과 개척'의 정신을 갖게 한다. MAWL 원리는 하나의 교회가 그 다음 2세대 가정교회를 낳는 데 적용될 수 있으며, 또한 개별적인 제자양육자들이 자신들의 제자를 코치하여 제자들 역시 각자의 부르심을 발견하고 영적 은사를 온전히 사용할 수 있도록 지도하는 데에도 적용할 수 있다.

공식 훈련. 이 과정은 가정교회의 교리적 건전성을 위해 몇 사람을 신학교나 성경대학에 보내어 신학 훈련을 받게 하는 것을 의미한다. 이 훈련을 받은 사람은 신학의 넓이와 깊이를 안전하게 지키는 데 필요한 학문적 도구를 제공할 수 있다. 모든 가정교회나 가정교회 네트워크가 반드시 이런 훈련생을 두어야 하는 것은 아니지만,

---

15. David Garrison, pp.19, 44.

반대로 그들이 없다면 핵심 교리와 관련한 논란에 처하거나 비난을 받을 경우에 역동적인 운동을 펼치기 어려워진다. 그렇지만 소위 평신도가 몇 과정의 과목을 수강하거나 심도 있는 독서와 연구를 통해 자가 학습하면서 지식의 은사를 발휘하는 능력을 과소평가해서도 안 된다.

이상에서 언급한 훈련 과정의 일부 또는 전체를 지나치게 도외시한다면, 장래에 세워질 지도자들의 수와 수준이 심각하게 떨어질 위험이 있다.

가정교회 지도자의 재정적 지원

가정교회 운동의 주요 취지 중 하나는 1세기 사도적 형태의 단순함으로 돌아가자는 것이다. 신약성경에 나오는 2가지 유형의 지도자, 즉 지역 및 순회 지도자에 대한 재정적 지원 문제는 앞서 3장에서 다루었듯이 성경에서 기술하고 있는 내용이기도 하다.

지역 지도자. 가정교회 장로들은 자신의 교회 안에서 일어나는 일들을 효과적으로 다룰 수 있는 품성과 역량을 갖춘 사람들이다. 그들의 임무는 장기적이며 지역적이고, 도시 전체를 아우르는 교회를 위한 목자이자 전략가의 역할이었다. 이상적으로는 장로들로 구성된 작은 팀이 각 가정교회를 인도할 수 있었다. 하지만 교회가 국가에 의해 공인되고 더 나아가 국교화의 과정을 거치는 동안 생겨난 많은 교회 전통이나 현재의 모습과 다르게 그들은 정규적으로 재정 지원을 받는 유급 성직자들은 아니었다. 그들은 가정교회에 참여하는 다른 사람들과 마찬가지로 각자의 전문직에 종사하는 자원봉사자들이었고, 따라서 그들도 다른 사람들처럼 전문직업인으로서 삶의 기복을 겪었을 것이다.

1세기에 지역 내 여러 교회들을 다녀본 사람이라면 (전문직업인으로서 평소 각자의 직업에 종사하던) 교회 지도자들이 보여주는 비직업적인 모습에 인상적인 영향을 받았을 것이다. 그러면서 누구든지 교회에서 잠재적으로 지도자가 될 수 있다는 분위기를 감지했을 것이다. 이는 모든 사람이 교회에 영적으로 최대한 기여할 수 있는 '자원하는 평신도' 운동을 촉발했고 이를 통해 잠재적 지도자들이 발견될 수 있었다. 가정교회는 30명 정도의 작은 크기였기 때문에 두세 명의 팀을 이룬 장로만으로도 지도력을 발휘하기에 용이했다. 그러므로 오늘날 가정교회 운동에서도 평신도가 급여를 받지 않고, 가정교회 지도자를 전문직업화 하지 않으면서 지역 지도자로서 역할을 감당케 하는 것이 바람직하다.

순회 지도자. 1세기에 지역 지도자와 나란히 쌍을 이루는 것이 순회 사도적 사역자들이었고 이들의 임무는 일시적이고 포괄적이었다. 이들의 역할은 전형적으로 미전도 지역에 새로운 교회를 개척하는 것이었고, 대중에게 복음을 전하고 새로운 회심자들에게 세례를 주었으며, 교회를 조직하고 지역 장로들을 세우는 것이었다. 그들은 또한 여러 지역과 교회들을 순회하며 개별적인 권면을 제공하기도 했다. 그들은 한 지역에서 특정 직업에 종사하지 않았기 때문에 순회 사역을 계속해 나가기 위해 재정적인 도움이 필요했다. 베드로 같은 경우 그러한 재정적 도움을 받기도 했으나 바울의 경우에는 텐트메이커라는 직업 특성을 활용해 재정적으로 자립하여 복음을 전할 수 있었다.[16]

흥미롭게도 중국의 가정교회 운동은 오직 순회 복음 전도자와 미전도 지역에 새로운 교회를 개척하는 사람에게만 재정 지원을 하기로 신중히 결정했고, 기존 가정교회의 지역 지도자들은 자원봉사자로 섬기게 했다.[17] 이것은 재정을 건물이나 고비용 프로그램에 들이지 않고 모든 민족에게로 나아가 열방을 제자 삼는 일에 투입하기 위함이다.

이런 관점에서, 오늘날에도 지역 지도자가 아닌, 주로 도시 전체를 아우르며 사역하거나 지역 내 가정교회의 네트워크를 관할하는 사역자, 그리고 새로운 지역에 홀홀단신으로 가정교회를 개척하고자 부르심을 받아 파송된 사람들에게는 교회가 재정적으로 지원할 것을 제안한다.

---

16. 고전 9:1-18
17. Larry Kreider, *House Church Networks*, pp.41-42.

가정교회의 성장

가정교회의 성장을 도모하는 주된 방식 두 가지가 있다. 그것은 기존 그리스도인들의 동참에 의한 방식과 비그리스도인들을 전도하는 방식이다. 두 가지 모두 나름대로의 도전 및 기회와 마주한다.

그리스도인들에게 다가가기

가정교회는 전통적인 교회의 주변에서 머뭇거리고 있는 그리스도인들에게 다가갈 수 있다. 이들은 교회에서 소외된 사람이거나 새로운 교회를 찾고 있거나 특별히 가정교회를 찾고 있는 사람일 수도 있다. 현재 나의 가정교회에는 입 소문을 듣거나 블로그를 통해 알고 찾아온 다양한 방문자들이 있다. 많은 사람들에게 가정교회는 단순히 호기심의 대상이거나 새로운 유행에 지나지 않은 반면 어떤 사람은 진지하게 관심을 보이기도 한다. 기존 그리스도인들이 가정교회에 동참하는 데 있어 도전이 되는 것이 있다면 그들의 마음속에 있는 '교회'에 대한 고정관념(즉 주일예배, 교회 건물, 전임 목회자 등)이 변하기 어렵다는 사실이다. 어떤 사람들은 언제쯤 가정교회에 담임 목사를 둘 것이며, 언제 청년부가 시작되고, 언제 건축 프로그램이 시작되는지 질문하기 시작한다. 따라서 시작부터 가정교회의 비전에 대해 분명하게 이해시켜야 한다. 기존 그리스도인들이 새로 참여할 경우 일정 수준의 영적 성숙도를 갖추고 있으며 또한 가정교회 성장에 도움이 되는 관계 및 교제권 형성에 용이하다는 것이 장점으로 꼽힌다.

비그리스도인들에게 다가가기

가정교회 성장을 도모하는 또 하나의 방식은 그리스도를 모르는 사람들을 찾는 것이다. 이를 위해 전도의 열매가 있을 때까지 개별적이고 공동체적인 노력을 오랫동안 지속적으로 기울여야 한다.

개인 전도. 가정교회의 기존 구성원들은 각자의 친구와 가족, 이웃과 직장 동료에게 자연스럽고 효과적으로 신앙을 나눌 수 있는 훈련이 필요하다.[18] 이를 위한 몇 가지 조언은 다음과 같다. 자신이 보다 큰 영향력을 미칠 수 있는 곳을 찾아 집중하라. 전도 대상자와 양적으로나 질적으로 많은 시간을 보내라. 일상에서 자연스럽게 접근하라. 질문을 하는 기술을 배우라. 종교적이지 않은 일상 언어로 믿음에 대해 대화를 나누라. 성경의 신뢰성 및 기독교에 관한 여러 예상 질문들에 대해 미리 준비하라.

가정교회의 어떤 구성원들은 아마도 사람들 앞에서 말하는 것이나 낯선 사람과 접촉하는 것에 남다른 은사가 있어서 다른 방식으

---

18. Michael Green, *One to One: How to Share your Faith with a Friend*, Moorings, 1995; Jim Peterson, *Living Proof*, NavPress, 1989; Rebecca Pippert, *Out of the Saltshaker and into the World*, InterVarsity Press, 1999. 『빛으로 소금으로』, IVP

로 추구할 수도 있다. 예를 들어 지역 도서관이나 대학 강의실에서 그리스도인의 신앙과 삶에 대해 청중에게 강의한다거나, 아니면 집 집마다 방문을 하는 일 등이다. 이중 후자의 방법은 사생활을 중요 시하며 직면하기를 꺼리는 사회에서는 그다지 효과적이지 않다.

그룹 전도. 각 가정교회는 이웃을 주요 전도 대상으로 삼아야 한다. 이를 위해 가능한 모든 관계적, 자연적, 창조적, 실제적 그리고 계획적 노력이 필요하다. 가정교회가 한 팀으로 친구나 친지 그리고 이웃에게 나아갈 수 있는 실제적인 방법을 알려주는 많은 자료가 있다.[19] 그룹 전도 방법이 가진 유익 중 하나는 전도하는 데 특별한 은사가 있는 몇 사람이 참여하는 것 대신 모든 사람이 참여한다는 것이다.

몇 가지 그룹 전도 방법을 얘기하자면 다음과 같다. 매월 한 번 저녁 식사에 이웃을 초청하기, 지역 사회가 개최하는 프로그램에 참여하거나 직접 운영하기, 복지센터에서 필요한 봉사 참여하기, 노숙자를 위한 프로그램에 재정 지원하기, 성경 소개 프로그램 진행하기, 기독교 관련 영화 상영 및 문화 프로그램 운영, 새로운 신자들을 위한 대규모 복음 집회에 참석하기 등의 방법이 있다.

---

19. Joel Comiskey, *Home Cell Group Explosion*, Touch Publications, 1999.

새로운 가정교회의 출생

새로운 가정교회를 시작하는 두 가지 전형적인 방식은 분립과 개척이다. 이 두 가지는 가정교회가 가진 고유의 가치와 목표이므로 구성원들이 계속 염두에 두고 있어야 한다. 우리의 가정교회 네트워크는 "모든 교회가 매년 한 교회를 시작한다"는 표어를 채택했다. 매년 10명 정도가 모이는 새로운 가정교회를 개척하거나 분립시키는 것은 비현실적인 목표가 아니다. 산술적으로 계산하면 10년 정도 이 사역에 헌신했을 때 1,000개 정도의 가정교회를 세울 수 있다. 궁극적인 비전은 모든 도시와 각 지역마다 가정교회를 개척하는 것이다.

새로운 모임으로 분립

이것은 한 가정교회가 수적으로 증가하여 두 번째 모임을 시작하기 위해 둘로 나누어지는 것을 말한다. 가정교회는 전형적으로 6개월에서 18개월마다 이런 과정을 거치게 된다. 가정교회는 언제 분립되어야 하는가? 이에 대한 답은 가정교회가 단일 셀 또는 다중 셀 형태 중 어떤 형식으로 나누어지길 원하는가에 달려 있다.

단일 셀 형태의 가정교회는 작은 그룹의 친밀감을 유지하고자 한다. 이런 경우는 가정과 같은 역동성과 친밀감이 약해지는 단계인 20명 정도가 되면 분립을 준비한다. 이들에게는 관계성이 약화되는 것에 대한 두려움이 있기 때문에 여러 단계를 거쳐 분리되도록 한다. 적응 단계로는 20명이 모두 한 집에 큰 그룹으로 모인 후 두 모임으로 나누어 각각 다른 방에서 다시 모이는 것이다. 이러한 다중 셀 모임이 몇 개월 동안 임시적으로 지속된 후에 최종적으로 분리되는 것이다.

다중 셀 형태의 가정교회는 큰 그룹의 역동성과 소그룹의 친밀함을 동시에 결합하는 것이다. 20-30명이 모여 대그룹 모임시간을 가진 후 다시 소그룹으로 나누어 보다 친밀하고 개별적인 사역을 한다. 그룹 인원이 40명이 넘어가기 전에는 두 번째 교회로 분리되지 않는다.

새로운 모임 개척

이것은 가정교회가 도시의 다른 지역에 새로운 가정교회를 시작하기 위해 소규모의 '사도적' 팀을 파송하는 것이다. 새로운 팀은 기존 네트워크에서 시작하거나 완전히 처음부터 시작할 수도 있다.

이를 위해, 팀은 자신의 집으로 비그리스도인 친구와 친지를 초대하여 성경공부를 시작하면서 자신들의 집을 영적 교두보로 삼는다. 그런 모임을 통해 차츰 사람들이 그리스도께 가까이 나오게 되면 점차적으로 기도나 성찬, 예배, 열린 모임 등과 같은 좀 더 본질적인 요소들을 첨가하여 가정교회로 전환하는 것이다.

또 다른 계획은 '평화의 사람' 원리를 이용하는 것이다. 교회 개척 팀은 그리스도의 메시지에 긍정적으로 반응하고 그들의 집을 성경공부를 위해 제공하고자 하는 사람을 찾는다. 팀의 지도 아래 이 성경공부 모임이 점차 성숙된 가정교회 모임으로 변화되어 간다. 이러한 전략을 사용하여 가정교회를 개척한 몇몇 실제 사례가 성경에 있고,[20] 중국과 인도에서는 오늘날 이것을 성공적으로 사용한다.[21]

가정교회 네트워크

몸 안의 각각의 셀(세포)은 혼자서는 오래 유지될 수 없고 다른 셀과의 연계가 없다면 결국은 죽어버린다. 그러므로 여러 가정교회가 함께 기도하고 계획하며 사역하는 네트워크를 형성하는 것은 절대적으로 중요하다.[22] 가정교회가 고립과 독립 그리고 내부로 몰입하는 것만을 선택한다면 그것은 단지 하나의 색다른 유행으로 남을 뿐, 그리스도의 복음으로 도시와 지역 그리고 나라에 영향을 끼치는 진정한 운동이 되지는 못할 것이다. 가정교회는 서로 연합해야만 한다. 가정교회가 고립되거나 독립적으로 활동하기보다 서로 연계되어

---

20. 눅 10:1-11; 행 10:1-48, 16:13-18
21. Friday Fax, China: Are Women the More Effective Evangelists?, Issue 13, March 29, 2002, fridayfax@bufton.net; Friday Fax, Thousands of Hindus find Jesus in Houses of Prayer, Issue 31, August 2, 2002, fridayfax@bufton.net
22. *Cell Groups and House Churches: What History Teaches Us*, 2001에서 Peter Bunton은 교회 역사 연구를 통해, 활기찬 운동들은 셀모임이나 가정교회를 서로 연결시키고자 의식적으로 노력했음을 분명히 보여준다.

야만 하는 다섯 가지 이유가 있다.

성경의 모범. 초기교회는 그들의 지역사회를 변화시키기 위해 응집하고 단결된 모임으로 활동했는데 이유는 그들이 간직했던 그리스도의 몸은 하나라는 '연합의 신학' 때문이었다.

인간 사회학. 우리에게는 특정 지역의 가정교회뿐 아니라 나아가 더 큰 어딘가에 속하고 싶은 욕구가 있다. 우리가 세계적인 연합체에 속해 있고 우리의 이웃뿐 아니라 전 세계를 위한 하나님의 계획 안에 있음을 깨닫는 것은 참으로 흥분되는 일이다.

사회적 필요. 개별적이고 고립된 가정교회는 내부적으로만 자라는 경향이 있으며, 구성원들의 모든 사회적 욕구를 채워주기 어렵다(즉 결혼을 원하는 독신자, 함께 어울릴 친구를 찾는 십대 및 어린 자녀 등). 보다 많은 가정교회가 안정적으로 모일 수 있다면 이러한 필요를 채울 수 있을 것이다.

팀 사역의 유익. 여러 가정교회가 연합하여 힘을 모으면 가정교회 운동을 더욱 촉진시킬 수 있다. 홀로 고립된 가정교회는 비전과 자원의 부족으로 인해 필요한 동력을 얻기가 쉽지 않다.

교리와 행동의 보전. 고립된 가정교회는 이단이나 특정 분파에 빠져들기가 쉽다. 잘못된 교리를 가르치거나 개인을 숭배하는 경향을 띠거나 또는 사람들을 함부로 다루는 가정교회라면 아무리 많지더라도 긍정적일 수가 없다. 이럴 때 가정교회끼리 소통하는 네트워크는 그리스도와 사도들의 핵심 가르침이 존중되고 건전한 방향으로 적용되도록 할 수 있다.

그리스도의 몸 된 교회는 무엇보다 연합을 이루는 것이 중요하고, 또한 건전성과 안정성을 담보하려 한다면 가정교회들로 구성된 네트워크에 속하는 것이 더욱 필요하다. 가정교회 네트워크에는 지역 단위, 그보다 넓은 지방 단위 그리고 전국 단위로 확대되는 3단계가 있다. 가정교회 네트워크가 어떻게 하면 보다 성경적으로, 그리고 효과적으로 기능할 수 있는지에 대해서는 〈부록 3〉을 참조하라.

지역 네트워크

가정교회가 위치한 도시 전체를 아우르는 지역 단위 네트워크는 그 긴밀함이나 모임의 빈도 그리고 교제의 강도로 볼 때 하나의 가정교회 가족과 다르지 않다. 한 지역 내 여러 가정교회들이 이루는 연합 관계는 어떤 공식적인 교파보다 강력하다. 이런 관계는 구체적으로 다음과 같은 방식을 통해 형성된다.

대규모 공개 모임. 한 지역 내 모든 가정교회가 매달마다 예배, 설교, 간증, 식사 그리고 교제를 함께하기 위해 큰 집이나 야외, 아니면 특정 장소를 임대해 모일 수 있다. 이 시간은 공동체 모임이면서도 한 가정의 특성을 그대로 반영하는 확장된 가정 모임이다. 이런 대규모 모임은 단순히 신자를 위한 예배나 축하 모임이 아닌 복음을 전하는 시간으로 이용될 수도 있다. 믿음을 갖기 원하거나 더 깊이 공부하기 원하는 사람은 즉시 그들에게 가까운 가정교회로 연결해준다. 그렇더라도 이런 특별한 대규모 모임은 '케이크 위에 올려놓은 아이스크림' 같은 부차적 역할을 담당하며, 주된 가정교회 모임을 대체해서는 안 된다.

가정 대 가정 방문. 가정교회들은 계획적으로 서로 돌아가면서 또는 비공식적으로도 방문할 수 있다. 이런 방문을 통해 좀 더 가깝고 친밀한 관계성과 상호 책임감이 생기고, 자신이 속한 가정교회보다 좀 더 큰 모임에 연결되어 있다는 소속감을 얻는다.

지도자 모임. 지역 내 가정교회의 장로들이 기도와 자원을 교환하고 전략을 마련하며, 훈련, 격려, 그리고 서로에 대한 책임감을 유지하기 위해 지도자 모임을 갖는다. 네트워크를 지도하는 사도적 팀이 이 모임을 이끌 수 있다. 또는 지역 장로가 돌아가면서 이런 모임을 주관함으로써 지도력을 향상의 계기로 삼을 수도 있다. 우리의 네트워크도 매달 모임을 갖고 있으며 그 중요성을 인식하고 있다.

순회 지도자. 자질과 인격을 갖춘 이들이 개별적으로 지역 내 여러 가정교회를 1세기의 사도들이나 초창기 감리교 순회 목사들처럼 순회하며 사역한다. 그들은 가정교회 네트워크를 지도하고, 조언과 격려를 아끼지 않으며 또한 지역 모임들이 보다 큰 비전을 품도록 자극할 수 있다. 하지만 이들 또한 지역 가정교회에 속해 있는 것이 가장 건전하다. 가정교회 네트워크는 주님의 이끄심을 따라 이들 순회 사역자들에게 재정적 지원도 고려해야 한다. 이것은 지역과 순회 지도자 사이에 신뢰와 동역자 관계가 선행되어야 한다. 하지만 이들을 상층부에 두는 피라미드형 리더십으로 세워서는 안 된다. 또한 이러한 순회 사역의 기회는 주님을 위해 자신의 경험과 가르침을 네트워크에 속한 다른 가정교회와 나누고 싶은 사람이라면 누구에게나, 즉 모든 신자에게 열려 있어야 한다.

네트워크의 연합. 네트워크가 너무 커지면 몇 개의 관련된 독립 네트워크로 나누는 것도 좋은 방법이다. 예를 들어, 만일 한 그룹이 30개의 가정교회로 구성되면 서로 협력하는 데 어려움이 있다. 따라서 10개의 가정교회로 된 3개의 그룹으로 나누어 각 그룹이 지역 및 순회 사역자의 도움을 받으며 수평적인 관계(이것이 성경에서 기술되는 모델이다)로 서로 연계할 수 있다. 이와 반대로 오늘날의 제도권 교회들은 피라미드 형태의 수직적 지도 체제를 갖추고 있다.

광역 및 전국 네트워크

광역 네트워크는 특정 지역을 넘어 보다 넓은 범위에서 가정교회 그룹들이 비공식적인 관계를 맺으며 활동하는 것을 말한다. 만나는 빈도수나 교제는 지역 네트워크와 비슷하지만 참여도는 더 낮다고 할 수 있다. 광역 내 모든 가정교회가 1년에 한번 체육관이나 대극장 같은 곳에서 모여 축제와 설교, 간증 등을 할 수 있다. 덧붙여 1년에 몇 차례 가정교회 지도자들이 모여 기도하고 격려하며 토론하고 계획을 세우며 자원을 교환할 수 있다. 해당 지역의 특정한 필요를 토의하기 위한 수련회나 워크샵도 가능하다. 지역 네트워크를 지도하고 격려하는 사도적 지도자 팀이 광역 단위의 각 지역 도시들을 순회할 수도 있다.

지역 및 광역 네트워크를 넘어 나라 전체를 아우르는 전국 네트워크와 소통은 인터넷이나 다양한 출판물 그리고 전략적 협의 등을 통해 촉진할 수 있다. 예를 들어, 캐나다 가정교회 네트워크[23]는 소식지 출판, 광역 및 전국 단위의 협의 그룹 조직, 그리고 볼프강 짐존이나 로버트 피츠와 같이 유명한 가정교회 지도자들의 순회 소식 등을 알림으로써 전국적으로 운영되는 가정교회 운동을 알리고 연합을 도모하고자 힘쓰고 있다.

---

23. Canadian House Church Resource Network, www.outreach.ca/cpc/housechurches.htm

결론

이 장에서는 가정교회의 시작, 운영, 성장, 새로운 가정교회로의 분립 및 개척, 그리고 연합 네트워크에 대해 살펴보았다. 지속적이며 건강한 가정교회가 세워지고 가정교회 간의 연합 네트워크가 형성되려면 무엇이 필요한지 알게 되었을 것이다. 복잡하지는 않지만 쉽지도 않은 일이다. 첫 발을 내딛기 전 어떤 대가를 치러야 하는지에 대해서도 미리 고민해보라.

◇ 그룹토의를 위한 질문

1. 가정교회 네트워크에서 효율적인 '모델'이 되는 최초의 가정교회는 어떤 면에서 중요한가?

2. 가정교회 모임에서 완전히 열린 모임과 계획된 모임의 장단점은 무엇인가?

3. 새로운 가정교회를 개척하는 것과 분립시키는 방법에는 어떤 차이가 있는가? '모든 교회가 매년 한 교회를 시작한다' 는 구호는 당신이 볼 때 가정교회에 현실적인 이야기라고 생각되는가?

4. 가정교회가 서로 연합하는 것은 어떤 면에서 중요한가? 교회가 연합하는 실제적인 방법은 무엇일까?

7장
전략적 지침 : 가정교회와 전통교회의 협력

The Global
House Church
Movement

이 장에서는 새로운 가정교회 운동이 빠르게 성장하여 이를 통해 열방을 그리스도의 제자로 삼는 데 도움이 되는 몇 가지 중요한 단계를 제안하려고 한다. 하지만 기본적으로 이런 운동을 가로막는 장애물에 대해 먼저 짚어보기로 하자.

첫째, 성경적 가정교회에 대한 지나치게 많은 변이뿐 아니라 왜곡이 존재한다.[1] 그동안 가정교회 운동이라는 이름을 달고 출현한 숱한 단체들이 있었다. 처음엔 그 열정적인 모습에 적지 않은 관심을 받았지만 점차 지나치게 급진적이거나 (은사주의든 근본주의든) 한쪽으로 치우친 경향을 띠게 되면서 애초에 가정교회 운동이 추구했던 목표와 방향성을 잃고 말았다. 우리의 모임도 이런 식으로 변질되거나 왜곡되지 않도록 경계해야 한다.

1. Frank Viola, "Some Streams of House Church", www.ptmin.org

둘째, 이런 모임 중 일부는 제도권 교회에 대해 반작용적인 측면이 있다. 과장해 말하면, 그들은 한 손에는 성경을, 한 손에는 돌을 들고 있다. 이런 연유로 많은 가정교회가 제도권 교회와의 관계에서 매우 독립적이다. 이런 현상 중 일부는 그들이 전통적인 교회 안에서 얻은 부정적인 경험 때문일 수 있다. 전통적인 교회 그리스도인들 역시 가정교회에 방어적인 자세를 취하는데 이 역시 마찬가지 이유 때문일 것이다. 이러한 긴장관계는 하나님이 가정교회를 통해 하시려는 일에 그리스도의 몸 된 교회가 참여하지 못하게 한다.

셋째, 지역 교회나 교단 또는 선교단체에서 가정교회를 시작하는 일에 별다른 관심을 기울이지 않고 있다. 이는 아마도 기존의 전통적인 교회가 추구해온 방식의 관성 때문이거나, 전통적인 교회 교인들이 가정교회에 대해 무관심해서거나 그리고/아니면 일부 가정교회가 그동안 보여온 공격적인 자세를 우려하기 때문일 것이다.

가정교회 운동으로 나아가기

현재 북미나 서구에서 일어나고 있는 가정교회 현상을 '운동'(빠르게 움직이는)이라고 하기보다는 '흐름'(현상으로 관찰될 수 있는)이라고 표현하는 것이 더 정확할 것 같다. 이 장에서는 다양한 나라에서 일어나는 가정교회 흐름을 빠르게 성장하는 운동으로 진작시키는 데 도움이 되는 4가지 전략을 제안한다.

새로운 가정교회 시작하기

사람들에게 그리스도를 증거하는 가장 효과적인 방법은 새로운 교회를 시작하는 것이란 점은 수치상으로도 인정된 바 있다. 어느 교회성장 연구가도 "복음화를 위한 가장 효과적인 방법 하나를 꼽으라면 새로운 교회를 개척하는 것"[2]이라고 강조했다. 그러나 이 일을 어떻게 이룰 것인가? 이 과정을 가장 잘 묘사하는 핵심 단어는 '의도적인', '신속한', '작은', '침투', 그리고 '자원봉사'이다.

의도적인. 미전도 종족 가운데 신약성경이 기술하는 형태의 가정교회를 세우려면 반드시 의식적인 노력이 필요하다. 이유는 단순하다. 새로운 교회는 저절로 생기지 않기 때문이다. 선교학 연구에 따르면, 교회개척 운동은 새로운 제자삼기 공동체를 시작하기 위한 의도적인 전략이 꾸준히 선행된 끝에 그 결과로 이루어졌다.[3] 앞에서 언급한 것처럼, 1990년대 후반에 인도의 한 주에서는 의도적인 개척전략이 실행된 결과 (7만 명이 참여하는) 3,500개의 가정교회가 세워졌다.[4]

---

2. Peter Wagner, *Church Planting for a Greater Harvest*, Gospel Light/Regal Books: Ventura, CA, 1990, p.11.
3. David Garrison, *Church Planting Movements*, p.34.
4. James Rutz with Victor Choudhrie, "House Church Explosion in India", House-2-

신속한. 가정교회는 복음 증거를 건전하게 강조하는 자신들만의 청사진을 작성할 필요가 있다. 여기서의 목표는 그들의 가정교회를 둘로 배가하거나 새로운 교회의 시작을 위해 팀을 파송하는 것이다. 부흥하여 분립으로 이어지는 가정교회는 일반적으로 6-9개월 이내에 2번째 그룹을 형성할 정도로 충분히 성장한다.[5] 그렇지 못하다면 교회는 점차로 침체되고 흐지부지해진다. 토론토에 있는 우리의 가정교회 네트워크는 현실적인 구호를 채택했다. "모든 가정교회가 매년마다 한 가정교회를 시작한다." 산술적으로 계산하면 10년 이내에 1,000개의 가정교회가 이 지역에 생기게 될 것이다. 가정교회를 배가시킨다는 것이 1년 동안 10명에서 20명으로 늘린다는 의미라면 이것은 합리적인 목표이다.

작은. 가정교회는 감당하기 힘들 정도로 큰 그룹이 되어서는 안 된다. 그렇지 않으면 친밀감이나 개방성 그리고 상호교제가 낮아지게 되고 결국은 매력을 잃고 수적으로도 정체에 빠지게 된다. 현재 세계적으로 교회 개척 운동에 의한 기독교 회심자의 성장은 10-30명 이내의 셀모임과 가정교회의 확대 재생산을 통해 일어나고 있다.[6] 작은 규모의 교회가 큰 교회보다 높은 성장률을 보이는 것이다.

House Magazine, Issue 2, 2002, www.house2house.tv
5. Wolfgang Simson, p.107.
6. David Garrison, p.35.

구체적으로는 1-100명 교회일 때에는 5년에 63퍼센트 성장, 100-200명은 23퍼센트, 200-300명은 17퍼센트, 300-400명 7퍼센트, 그리고 1,000명 이상이면 4퍼센트다.[7] 다시 말해 교회는 수적으로 커질수록 정체하게 되고, 기존 교회에서 새로운 교회를 개척할 필요성이 대두된다. 활동성과 유연성, 저비용이 들어가는 작은 규모의 가정교회가 대중에게 다가가는 데 가장 전략적인 선택이다.

침투. 모든 이웃과 아파트 단지, 직장, 학교 등이 새로운 가정교회의 잠재적인 영역이다. 제도권 교회는 사회 각 분야의 다양한 곳으로 침투하기가 쉽지 않다. 그러려면 보다 기동성 있고 유연한 접근 방식을 위해 교회의 구조조정 및 전략 수정이 필요하기 때문이다. 구체적으로 선교기관이나 선교학자들의 주목을 받고 있는 아이디어는, 가능한 한 많은 사람들이 기독교 공동체를 접할 수 있도록 인구 500명 내지 1,000명당 한 곳에 교회를 개척하는 것이다.[8]

자원하는 리더십. 가정교회 운동의 책임감과 지도력은 일명 평신도라 불리는 풀뿌리 자원자들에게 공평하게 주어져야 한다. 교회개척이나 선교 사역을 위한 전통적인 방식은, 언제나, 말그대로, 전문적으로 훈련받은 사람들의 수고를 통해 이루어졌다. 그러나 연구에 의

---

7. Wolfgang Simson, p.248.
8. Robert Fitts, *The Church in the House*, 2001, pp.55-60.

하면 성장하는 교회개척 운동은 비직업적인 현지인들을 격려하고 훈련하며 파송하는 단계 여부에 달려 있다.[9] 사례를 받는 순회 사역자들은 가정교회 네트워크를 순회하면서 전략가와 조언자 역할을 담당하고, 향후에는 자원봉사하는 풀뿌리 지역 지도자들에게 그 역할을 양보할 필요가 있다.

이러한 모든 요소들을 적용한다면 가정교회를 통해 점점 많은 사람들을 그리스도께 인도하고 다음 세대 지도자를 양성해나갈 것이다.

가정교회 네트워크
가정교회의 수가 늘어날수록 지역과 지방, 국가 단위의 네트워크로 연결되어 그 안의 일부가 될 필요가 있다.

연결 방법. 이런 네트워크의 실제 운영 방식에 대해서는 앞장에서 서술했다. 간단하게 요약하자면, 가정교회가 서로 단단한 망으로 연결되는 데에는 5가지 구체적 방법이 있다. 모든 가정교회의 도시 단위 만남, 가정 대 가정의 만남, 매달 열리는 가정교회 지도자의 훈련 모임, 네트워크를 지도하는 순회 사역자, 가정교회 연합의 증가된 네트워크가 그것이다.

---

9. David Garrison, p.35.

성경적 이유. 3장에서 기술한 것처럼, 1세기 가정교회는 그저 넓디 넓은 로마제국 전역에 흩어져 있던 작은 모임들의 연합이 아니었다. 그들은 곧 자신들의 성장을 억제할 로마 제국으로부터 살아남아 운동으로 발전하게 될 메커니즘을 갖추고서 서로 연결되어 있었다. 이 신생 운동의 연결망을 짜는 데 사용된 특별한 지지대는, 교회에게 비전과 교훈을 전파한 순회 사역자들이 있으며, 그와 더불어 그리스도의 몸의 연합이라는 실체적 진리를 보여준 가정 단위 및 도시 단위의 지속적인 모임이었다.

실제적 이유. 고립되고 독립적으로 모임이 흩어져 있는 것보다 지역 단위, 지방 단위 그리고 국가 단위로 가정교회들이 모이고 연합할 때 심리적, 사회적, 협력적, 그리고 교리적 장점들이 주어진다. 이런 각각의 관점은 앞 장에서 기술되었으므로 여기서 반복하지는 않는다.

독립된 가정교회 문제. 어떤 사람에게는 모든 가정교회에 자치권이 있어야 한다는 신학적 신념이 너무나 강해서 이런 생각이 이단사상처럼 여겨진다. 가정교회가 서로 네트워크를 형성하려는 시도를 의구심의 눈길로 바라보는 것이다. 기존 전통적인 교회의 통제력 강한 리더십 때문에 상처를 받은 경험이 하나의 요인이 되기도 한다. 그러나 실용적 관점이나 성경적 관점 모두를 생각해보더라도 연결망은 꼭 필요하다.

결과적으로 이 사명을 위해 부름받은 우리는 초기교회가 실행했던 가정교회 네트워크로부터 교훈을 얻고, 상식을 사용할 필요가 있다. 그리하여 다음 세대에 활짝 피어나는 운동으로 굳혀나가도록 하자.

전통적인 교회의 역할

나는 전통적인 지역 교회도 가정교회 운동에서 일정한 역할을 수행할 수 있다고 생각한다. 나는 개인적으로 이미 의미있는 발걸음을 내딛은 전통적인 교회들을 알고 있다.

가정교회 선교사 임명. 가정교회 네트워크로 패러다임 전환을 하지는 않았지만, 이 운동을 시작하고 발전시키는 데 도움을 주는 전통적인 교회도 있다. 다시 말해 선교 마인드로 교회를 개척하고 싶은 전통적인 교회는 진지하게 자립적 가정교회 수립을 고려해야 한다. 능력 있는 사람들을 보내고 싶지 않은 일부 전통적인 교회나 목회자들에게 이것은 두려운 일이다.

하지만 이를 손실이 아닌 하나님 나라를 성장시키는 살아있는 선교적 노력으로 본다면 큰 변화를 일으킬 수 있다. 지역 교회들은 전통적으로 선교사나 선교단체 사역자들을 지원하는 것처럼 가정교회 개척자들을 택해 그들을 재정적으로 지원할 수도 있다.

가정교회 네트워크로의 전환. 어떤 전통적 교회는 공동체 전체가 건물을 팔고 가정교회 네트워크로 재조직할 수도 있다. 그들이 가진 자원과 시간으로 가난한 사람을 돕고 해외 선교 사역을 지원하며, 순회 가정교회 개척자를 도와 지역 지도자를 양육하는 데 자유롭게 사용하기 위해서다. 실제로 일부 교회는 이러한 도약을 과감히 시도했다.

그러나 전통적인 교회는 일순간에 그러한 전환을 할 수 없다. 거기에는 중간 단계들이 필요하다. 소모임에 대한 경험이 전혀 없는 교회라면 기존 교인들이 참석하는 강하고 작은 소그룹 사역을 개발하는 것으로 시작할 수 있다. 성숙한 소그룹 사역을 하는 교회라면 이런 소그룹을 좀 더 복음적인 셀모임으로 발전시켜 점점 더 가정교회와 비슷하게 만드는 단계로 나갈 수 있다. 가정 셀모임과 주일예배를 동등하게 강조하는 셀 중심의 지역 교회는 마지막 단계로 건물과 프로그램들을 놓아버리고 가정교회 네트워크로의 전환을 준비할 수 있다.

이런 일련의 단계적인 변화는 '소그룹을 가진 교회'에서 '소그룹으로 구성된 교회'로, 그리고 다시 '소그룹이 곧 교회'라는 성경적이고 전략적인 원리로 옮겨간다.

이 세 가지 단계는 지역에 국한된 그리스도의 몸을, 초기 3세기 동안 실행되었던 도시 차원의 교회에 좀 더 가까운 형태로 변화시킬 것이다.

교파와 선교단체의 역할

개인적으로 '교파'는 교회를 위한 하나님의 최선의 방식이라고 생각하지 않지만 우리는 보다 장기적인 변화를 도모하기 위해, 우리가 당면한 현실과 협력해야 한다. 현재 서구 사회 밖에서 일어나고 있는 가정교회 운동이 서구에서 폭발적으로 일어나려면 모든 그리스도인이 이런 저런 방식으로 가정교회를 후원해야 한다. 4장에서 언급한 것처럼, 현재 가정교회 개척을 후원하는 몇 개의 교파와 선교단체들이 있다. 예를 들어 남침례 교단, 도브 크리스천 펠로우십, 캐나다 자유 감리교회 그리고 캐나다 포스퀘어 복음교회 등을 들 수 있다. 이런 단체들이 가정교회 운동을 설립하고 보조해주는 역할을 하고 있다.

인식. 교단과 선교단체는 우선 신약시대에 시작된 가정교회가 소그룹이나 셀모임, 또는 선교단체 사역과는 다른 DNA를 가지고 있음을 이해할 필요가 있다. 신약시대의 가정교회는 전통적인 형태를 가진 교회의 부속모임이 아니다. 오히려 이 가정교회는 그 자체로 교회의 모든 기능을 갖추고 있고 도시와 지역 내 동일한 마인드를 지닌 다른 가정교회와 연결망으로 이어져 있다. 이 가정교회는 교회 건물이나 고비용 프로그램, 유급 성직자 또는 고도로 연출된 예배는 필요하지도 원하지도 않는다. 이 모임은 열려 있고, 상호관계적이며, 그리고 식사와 함께 성찬을 나누는 가족 형태의 모임이다. 그들은 관계성과 제자훈련, 그리고 복음증거에 집중한다. 이런 모든 것을 위해 교회는 '회중', '예배' 같은 이미 익숙해 있던 용어의 의미를 재규정할 필요가 있다.

파송. 가정교회를 지원하고픈 단체는 가정교회 운동의 DNA에 맞게 지도자를 파송해야만 한다. 가정교회 네트워크는 초기 사도들의 형태와 실행들을 교회의 삶에서 재정립하길 원하므로, 기존 교파들은 지도자들을 전통적 역할과 범위 안에 묶어두려는 유혹을 떨쳐버려야 한다. 대부분의 가정교회 지도자들은 지역 및 지방 단위에서 활동하는 일명 평신도들이다. 전통적 지도자들이 하나님의 부르심을 받아 사람들을 인도하고 훈련하며 다음 세대 교회 지도자를 양육하는 것처럼, 이들에게도 동일한 자유가 주어져야 한다.

강화. 이미 언급한 것처럼 기존 기독교 단체들은 새로운 교회를 개척하는 사람에게 재정을 후원한다든지 지도자들에게 신학교 과정과 동등한 학업이나 교회개척 교육, 훈련교재 마련, 지역 지도자들 간의 연합 기회를 제공하는 것으로 가정교회들의 성장을 지원한다. 이런 지원들은 고립되거나 흩어져서 활발하지 못한 가정교회 네트워크를 촉진하는 역할을 한다.

인정. 교파나 선교단체들은 또한 좀 더 넓은 의미의 기독교 공동체의 시각에서 가정교회가 전통적인 교회 안에서도 인정을 받고 정당성을 얻게 해야 한다. 이렇게 정당한 인정을 받기 시작할 때, 현재 참여하지 않는 개인이나 교파들이 장래에 참여할 수 있는 가능성이 높아진다. 더구나 북미에서는 대부분의 그리스도인들에게 전통적인 교회 외에는 선택의 폭이 그리 넓지 않다. 교파들이나 선교단체들은 이제 전통적 형식에서는 가져본 적이 없는 추가적인 기회를 교인들에게 제공할 수 있다.

개혁. 어떤 작은 교파들이 어느 날 모든 기존 조직을 정리하고 지역 단위의 가정교회 네트워크로 재구성하는 날이 올지도 모른다. 그들은 사도적 실행으로 돌아가고자 하는 자신들만의 작은 개혁을 단행할 수 있다. 이런 일을 실행할 정도로 용감한 교파나 선교단체가 하나라도 있다면, 다른 단체들에게는, 많은 기독교 지도자들이 언급했고 찾아왔던 그러한 교회 구조로의 중대한 변화를 촉구하는 엄숙한 부르심이 될 것이다. 그리하여 전세계적으로 진행되고 있는 가정교회 운동을 닮아가게 될 것이다.

결론

이 장에서는 현재 시작하는 가정교회 흐름이 성숙한 운동의 단계로 나아가는 데 있어 필요한 4가지 전략(즉 가정교회를 개척하고, 가정교회 네트워크의 출현을 보며, 제도권 교회의 역할을 인식하고, 교단 및 선교 단체의 노력을 격려하는 것)에 대해 살펴보았다. 이런 과정들이 서로 맞물려 시너지를 발휘할 때 그 결과는 우리를 새로운 차원으로 상승시켜, 교회의 구조에 중대한 개혁이 일어나고 (교회 바깥에 있거나 하나님을 믿지 않던) 많은 무리들이 그리스도의 몸 된 교회로 들어오게 될 것이다.

◇ 그룹토의를 위한 질문

1. 기존 가정교회를 성장시키는 것보다 의도적으로 새로운 가정교회를 시작하는 것은 왜 중요한가?

2. 가정교회들을 연결하는 네트워크가 왜 중요하며, 어떤 역할을 하는지 말할 수 있는가?

3. 전통적인 교회나 교파, 그리고 선교단체가 가정교회 운동을 지원하고 발전시키는 데 있어 어떤 역할을 할 수 있다고 생각하는가? 그런 기대가 얼마나 현실적일까? 전통적 교회 구조 안에서 신약시대의 가정교회를 시작하는 것과 완전히 새로운 환경에서 시작하는 것의 장단점은 무엇인가?

4. 가정교회 네트워크를 시작하는 데 있어 당신이 실제적으로 행동에 옮길 수 있는 부분은 무엇인가?

8장
결론 : 우리는 지금 무엇을 해야 하나?

The Global
House Church
Movement

이 책에서 논의된 많은 부분들이 아마도 급진적이거나 심지어 혼란스럽게 다가왔을 것이다. 어떤 이들에게는 이 책이 그 동안 찾고 있던 신선한 활력소가 되었을지도 모른다. 이미 세계적 가정교회 운동에 참여하고 있는 사람들에게는 다양한 관점에서 이 운동을 살필 기회가 되었다. 어떤 입장에서 이 책을 보든, 우리 모두가 교회란 진정 무엇인지에 대해 새롭게 생각하고, 그런 교회를 위해 무언가 하기 위해 믿음의 발걸음을 옮겨놓도록 격려하는 것이 나의 깊은 열망과 기도이다. 지금까지 이 책을 읽어온 여러분을 축복하고 싶다.

나의 목표는 예수님과 사도들에 의해 고안되고 실행되었던 교회의 잃어버린 비전을 재정리하는 것이었다. 기독교 공동체의 단순성과 기본으로 돌아가기 위해 교회들이 회복해야 하고 절실히 필요한 것은, 열려 있고 상호작용이 활발히 일어나는 모임, 전략적으로 작은 규모, 전도와 멘토링에 대한 집중, 평등한 지도 체계, 도시 전체가 하나로 연결된 교회 네트워크의 필요성 등이다. 나는 균형 있고 친절하면서도, 설득력 있고 철저하게 이런 주제들을 논의하려고 했다.

하지만 여러 도전이 되는 말도 덧붙이고 싶다. 초기 그리스도인들과 역사적으로 나타난 많은 풀뿌리 운동과 현재 중국, 인도, 그리고 쿠바에서 일어나는 현상들과 비교했을 때, 오늘날 많은 교회들의 관행은 새로운 환경에 신약성경의 원리를 접목한 것이라기보다는, 실제로는 골라잡기식 접근방식에서 파생된 왜곡이라는 것이다. 그러면서도 어떤 이들은 자신들이 사도들의 가르침을 굳게 지키고 있다고 자부한다. 이것은 교리 고백, 지역 교회의 헌법, 세례식의 신앙고백 등을 보면 명백해 보인다. 하지만 그들은 사도들의 신학적 가르침은 따르고자 노력하지만, 교회의 역할과 구조 같은 사도들의 실천(행함)들을 온전히 포함시켜야 할 때에는 곧 멈춰선다. 왜 이런 일이 일어나는가? 좋게 보면 악의 없는 무관심이고, 나쁘게 보면 의도적인 냉담함 때문에 사도적 실행 없이 앞선 세대에서 내려온 전통을 상속받았기 때문이다. 우리의 믿음과 실행을 위하여 사도들의 가르침뿐 아니라 그 본으로부터 좀 더 배울 수 있길 기도한다!

그러면 지금은 무엇을 해야 하는가? 당신은 어디로 가야 하는가? 나는 독자들에게 몇 가지를 제안하고자 한다. 우선 가정교회를 시작하기 전에 어떤 대가가 따를지 생각해보라. 오랫동안 그리고 간절히 기도하라. 가정교회 사역을 하는 사람들과 대화를 나누어보라.

이런 문제에 대해 신약성경을 자세히 연구해보라. 신약성경의 기독교로 돌아가고자 시도했던 운동에 관한 교회 역사를 살펴보고, 이 주제에 대한 강의를 들어보라. 가정교회를 직접 방문해보라. 당신이 오랫동안 이 운동에 동참하길 원하고 하나님도 진정 이 운동을 위해 당신을 부르고 계시는지 확실히 하라.

만일 어떤 사람이, 이 운동은 실제적이며 전략적이고 참신할 뿐 아니라 개인적인 필요와 기호에도 적합하기 때문에 참여하겠다면 나는 그를 말릴 것이다. 처음에는 멋모르고 동참하거나 단지 한두 가지 이유에 끌릴 수도 있지만, 그것이 주된 이유가 되어서는 안 된다. 우리의 핵심적인 동기는 무엇보다 신약성경이 기술하고 있는 사도들에 의해(사도들과 더불어) 시작된 교회가, 처음부터 하나님이 교회의 역할과 구조와 관련해 의도하신 것임을 확신하기 때문이다. 그게 아니라면 우리는 다음 주에 서커스 교회, 펑크락 교회, 또는 레이져 쇼 교회가 도시에 들어올 때 그 뜨거운 유행에 동참하느라 분주할지도 모른다.

우리가 꿈꾸는 교회는 반드시 성경에 기반을 두어야 하며, 그 교회를 세우고 성장시키고 배가시킴으로 복음을 증거하고 수많은 그리스도의 제자를 삼아 하나님의 나라를 확장시켜 가기 위해 성령께서 우리에게 길을 보여주시기를 기대하고, 필요 없는 것은 버리고 달려가야 한다. 이런 방법을 통해 우리는 다른 사람들이 겪었던 혼란과 어려움을 피할 수 있다. 우리 중 많은 사람들이 이런 길을 가고

자 하는 용기를 품는다면 다가올 하나님의 나라에 수많은 사람들이 참여하게 될 것이며 세계의 교회들이 개혁되는 결과를 볼 수 있을 것이다.

아멘. 주 예수여, 속히 오시옵소서.

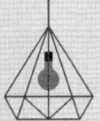

부록

부록 1
바울과 가정교회

1. 들어가는 말

바울은 에베소에서 고린도 교회에 편지를 보내면서 에베소 교회를 언급하여 "아굴라와 브리스가와 및 그 집에 모이는 교회가 주 안에서 너희에게 간절히 문안하고"라고 기록한다(고전 16:19). 또한 바울은 약 2-3년 후에 로마에 편지를 쓰면서, "나의 동역자들인 브리스가와 아굴라에게 문안하라 … 또 저희 집에 모이는 교회에게도[1] 문안하라"고 말한다(롬 16:3, 5). 3차 전도여행이 끝난 후 감옥에서 바울은 친구 빌레몬에게 편지를 보내는데, 그는 그 편지 서두에서 빌레몬, 그의 아내 압비아, 아킵보, 그리고 '네 집에 모이는 교회'에게 인사한

---

* 이 글은 백석대학교 신학대학원 신약학 홍인규 교수의 『한국복음주의 신약학연구』2 (2003), 225-257에서 발췌한 내용이다.
1. 개역성경의 '저의 교회에게도'라는 번역은 오역이다.

다(몬 2). 마지막으로 골로새서에서 바울은 "라오디게아에 있는 형제들과 눔바와 그 여자의 집에 모이는 교회에 문안하라"고 말한다(골 4:15).

이상의 인사에서 바울은 가정교회 곧 개인의 가정에서 모이는 그리스도인들의 모임에 대해 분명하게 언급하고 있다. 사실, 신약 성경에 나타난 교회는 모두 가정교회다. 가정교회는 2세기 중엽 이후에 조금씩 변화를 경험하지만, 콘스탄티누스에 의해 기독교가 공인되어(313년) 바실리카(basilica)라는 직사각형의 교회당 건물이 세워지기까지 가장 보편적인 교회 형태였다.[2]

가정교회에 대한 연구는 우리를 교회의 원형과 본질의 문제로 인도한다. 가정교회를 전제하지 않고, 그리스도인의 삶과 교회의 삶에 대한 바울의 가르침을 적절하게 이해한다는 것은 불가능하다.

교회는 역사적으로 변화와 발전을 거듭하면서 본질에서 이탈한 점이 많다. 한국 교회도 양적 팽창에만 몰두하다가 근본적인 것을 많이 상실했다. 특별히 한국 교회의 모델 역할을 하고 있는 대형 교회 안에서 교회 공동체성의 상실과 대다수의 성도들이 예배의 수동적인 관람자로 전락된 것은 너무나 심각한 문제라 아니할 수 없다. 이러한 이유 때문에 오늘날 많은 사람들은 개개인이 참여할 수 있는 작은 교회 공동체에 대해 점점 더 많은 관심을 보이고 있다.

이 논문에서 필자는 (1) 이방인의 사도인 바울과 교회의 설립, (2)

---

2. 뒤에 나오는 가정교회의 변천과 종말을 보라.

가정교회의 사회적 상황, ⑶ 가정교회의 통합 능력, ⑷ 가정교회의 공중 예배, 그리고 ⑸ 가정교회의 변천과 종말을 살펴보고자 한다. 이 연구를 통하여 우리는 교회의 원형을 보게 되길 희망한다.

2. 이방인의 사도인 바울과 교회의 설립

바울은 탄생에서 죽음에 이르기까지 로마 제국의 율리우스-클라우디우스 왕조(아우구스투스, 티베리우스, 칼리굴라, 클라우디우스, 네로) 전 시대를 경험했다. 이 왕조 시대는 정치적 안정과 경제적 번영의 시대였다. 아우구스투스가 카스피 해 남동쪽에 있는 파르티아(Parthia) 왕국과 평화 조약을 맺은 것이 그러한 번영과 안정의 시작이었다.

사도행전에 의하면, 바울은 길리기아 지방의 수도인 다소에서 태어났다(행 21:39; 22:3). 바울의 부모는 디아스포라 회당의 멤버였고(빌 3:5), 다소의 시민권(행 21:39)과[3] 로마의 시민권을 소유하고 있었다(행 16:37-38; 22:25, 28). 이것은 바울이 사회적으로 존경받고 경제적으로 유복한 가족에 속했다는 것을 말해 준다.

그리스 문화의 중심인 다소에서 태어난 바울은 코이네 헬라어를 사용했다. 그는 자기 서신에서 유대인의 성경을 인용할 때, 헬라어로 번역된 칠십인역을 이용했다. 그는 스토아 사상에 익숙하여 대중 철학에서 예를 들기도 했고, 디아트리베(diatribe) 스타일을 구사할 줄도 알았으며, 그리스-로마 수사학에도 정통했다.

3. 사도행전 21:39: "나는 ... 길리기아 다소성의 시민이니."

바울의 생활 무대는 도시였다. 당시 도시는 경제와 문화가 번영한 곳이었다. 이러한 도시에 사는 사람들은 개척 정신이 왕성하고, 직업에 대하여 유연했으며, 새로운 것에 대해 개방적이었다. 바울 자신이 진취적이고 모험심이 많고 세계주의자였다는 것은 우연한 일이 아니다.

바울은 또한 디아스포라 유대인이었다.[4] 그는 어렸을 때 경건한 부모를 따라 정기적으로 회당에 다녔다. 회당에서 바울은 유대교의 신앙과 생활 방식을 배웠다. 나중에 바울은 랍비가 되기 위하여 예루살렘에 가서 바리새파 유대교를 연구했다(행 23:6; 빌 3:5). 예루살렘에서 받은 정규 교육은 바울에게 율법을 해석하고 실천하는 데 있어서 큰 진보를 가져왔다(갈 1:14; 빌 3:5-6).

조상의 율법에 대한 열심 때문에,[5] 바울은 율법에 대해 비판적이었던 원시 교회를 핍박하게 되었다.[6] 그는 다메섹 회당 안에 있는 그

---

4. 당시 디아스포라 유대인들에게는 보통 이름이 두 개 있었는데, 하나는 셈어식 이름이고, 다른 하나는 그리스-로마식 이름이다. '사울'은 전자에 속하고, '바울'은 후자에 속한다.
5. 바울의 열심은 민수기 25장에 등장하는 아론의 후손 비느하스의 열심을 상기시킨다. 비느하스는 하나님께 대한 열심 때문에 이방인 여인과 음행하는 이스라엘 남자를 창으로 찔러 죽였다(민 25:1-13). 제1마카비 2:26에 의하면, 비느하스의 열심에 자극받아 마따디아는 헬라 왕 안티오쿠스의 강요로 이교 제사를 드리려는 한 유대인을 제단 위에서 죽여버렸다. 그리하여 마카비 투쟁이 시작되었다.
6. '열심'과 '핍박'의 관계에 대해서는, In-Gyu Hong, *The Law in Galatians* (Sheffield: JSOT Press, 1993), 90-92; 홍인규, 『바울의 율법과 복음』(생명의말씀사, 1996), 87-90; M. Hengel, 『바울: 그리스도인 이전의 바울』(강한표 역; 서울: 한들, 1998), 187-89를 보라.

리스도인 그룹을 진멸하고자(행 9:2, 19-20; 갈 1:13), 다메섹으로 가고 있었다. 다메섹으로 가는 길에서 바울은 갑작스럽게 엄청난 경험을 하게 되었다. 하나님이 바울에게 부활하신 주 예수 그리스도를 계시해 주신 것이다(갈 1:16; 고전 15:8).[7] 이 환상은 바울에게 새로운 실존의 근거를 제공해 주었다. 이제 바울은 단순히 유대인 그리스도인이 된 것이 아니라, 이방인의 사도가 된 것이다.

바울에게 있어서, 다메섹 환상은 어떤 의미에서 부활의 경험이었다(고전 15:8-9). 바울은 다른 부활의 증인들처럼, 부활하신 그리스도로부터 직접 복음 전파의 소명을 받았던 것이다(고전 15:5-11; 롬 1:5). 소명을 받자마자 바울은 아라비아(나바티아 왕국)와 다메섹에서 독자적으로 선교를 시작했다(갈 1:16-17). 그리고는 북 수리아와 자기 고향 길리기아에서(갈 1:21) 선교를 계속했다. 그러나 바울의 초기 사역은 특별한 성공을 거둔 것 같지 않다.

이러한 상황은 바울이 안디옥에서 사역을 시작하면서 크게 변화되었다. 안디옥 교회는 원래 유대인 그리스도인들로 구성되었다. 그들은 처음에 유대인의 회당에 소속되었으나, 자신들을 회당으로부터 점차 분리하여 개인 집에서 교회로 모이면서 이방인들에게도 주 예수를 전했다(행 11:19-20).[8] 안디옥 교회에서 바울은 바나바와 함께

---

7. 사도행전 9장에 의하면, 바울은 환상보다는 하늘로부터 목소리를 들었다.
8. 안디옥 교회가 처음으로 '그리스도인'이라고 불린 것은(행 11:26), 그동안 유대인 회당의 울타리 안에 있었던 그리스도인 그룹이 회당으로부터 독립하여 최초로 독자적인 교회가 된 것을 암시한다.

사역하면서, 적극적으로 이방인 선교에 동참했다. 1차 선교여행은 바울과 바나바가 안디옥에서 가까운 구브로 섬의 살라미와 바보에서, 그리고 비시디아 안디옥과 이고니온과 루스드라와 더베에서 복음을 전파했다.

2차 선교여행은 바나바와 분리하여 바울 단독으로 수행했다. 바울은 마게도냐로 건너가 빌립보(로마와 비잔티움을 연결한 주요한 도시)와 데살로니가(마게도냐의 수도)와 베뢰아에서 선교했다. 그리고 아덴을 거쳐 고린도로 내려와, 고린도(국제적 무역 도시)에서 1년 6개월을 체류하며 복음을 전했다. 3차 선교여행은 에베소(아시아에서 가장 크고 중요한 도시)에서 3년 동안 집중적으로 이루어졌다. 이러한 선교 사역을 통하여 바울은 초기 그리스도인 1세대 중에서 가장 중요한 인물이 되었다. 그 후 바울은 자기가 개척한 이방인 교회들에서 거둔 구제금을 유대인 그리스도인들에게 전달하러 예루살렘에 갔다가, 적대적인 유대인들의 고소를 받아 체포됐다. 그는 오랫동안 방문하기를 원했던 로마로 이송되었고, 거기서 60년대 초에 순교했다(1 Clement 5).

바울 당시 로마 제국에서의 여행은 많은 사람들이 참여하는 보편적인 일이었다. 특별히 상인들과 장인들이 많이 이동했다.[9] 그리스 문화와 그리스어의 보급, 로마의 도로 건설, 정치적 안정, 로마 군대

---

9. 예를 들면, 바울의 동역자 중에 광범위한 여행을 한 아굴라와 브리스가는 천막을 만드는 자였고(행 18:1-3; 고전 16:19; 롬 16:3-5), 루디아는 자색 옷감 장수였다(행 16:14).

의 보호로 인하여 여행은 쉽게 이루어졌다. 바울의 교회들은 대부분 주요 통상로에 세워진 중요한 도시들에 개척되었다. 도시에서 태어나 도시에서 자란 바울은, 마치 물고기가 물에서 놀듯이, 로마 제국의 도시들에서 선교 사역을 수행했던 것이다. 또한 도시 사람들이 농촌 사람들보다 더 개방적이고 새로운 종교에 관심이 많았던 점도 바울이 도시를 선택한 이유 중의 하나였을 것이다.

바울이 복음을 전하러 방문하는 도시마다 경쟁자들이 있었다. 그들은 나름대로의 철학이나 구원의 길을 전하는 순회 설교자들이었다. 그들의 겉모습은 아름답거나 너무 거칠어서 쉽게 사람들의 주의를 끌었다. 그들은 대중으로부터 자신을 격리하여, 사람들 위에 군림하는 태도를 취했다. 그들의 삶의 방식은 특별했다. 곧 가족 없이 혼자 지내고, 무소유를 과시하고, 남의 경제적 도움으로 살았다. 또한 술이나 고기를 금하는 금욕주의적인 태도를 취하기도 했다. 그들은 신전이나 거룩한 장소나 야외에서 잠을 자고, 도시에서 도시로 이동했다. 그들은 수사학에 능하여, 말로 군중들을 사로잡았다. 그들이 연설할 때는 때때로 기적, 예언, 꿈의 해석, 그리고 엑스타시가 동반되었다.

바울도 하나의 순회 설교자였다. 그러나 그에게는 다른 순회 설교자들과는 근본적으로 다른 점이 있었다. 바울은 힘이나 능력보다는 연약함을 드러냈다(고전 2:3; 갈 4:13-14). 과시하는 태도는 그의 스타일이 아니었다(살전 2:7-8). 그는 말보다 편지로 더 많은 영향력을 행사했다(cf. 고후 10:10). 바울도 검소하게 살았지만(빌 4:11-12), 금욕주의적인 삶을 영위하지는 않았다(고전 8장; 10:26). 그는 생계를 유지하기 위해 남을 의지하지 않았다. 그는 야외나 신전에서 자지 않고, 교인들 중의 한 사람의 집에서 거주했다. 고린도인들이 볼 때, 바울의 웅변술은 뛰어나지 않았다(고전 2:1-5). 바울의 설교에도 표적과 기적이 동반되었지만(롬 15:19; 고후 12:12), 그는 그것들을 결코 자랑하기 위해 사용하지 않았다. 바울이 청중에게 충격을 주려고 한 것은 자기 메시지의 내용이었다. 그는 자기가 전하는 그리스도를 본받는 자로 인정되기 원했다.

바울의 꿈은 다른 선교사들이 활동하지 않은 곳에 가서 그리스도를 전하는 것이었다(롬 15:20). 그는 새로운 도시에 가면 먼저 회당을 방문하여, 전통적인 회당 스타일로 말했다(행 13:5, 14-16; 14:1). 바울은 또한 강당과 시장에서 복음을 전하기도 했다(행 17:17; 19:9). 여행과 숙박 그리고 음식을 위한 돈을 마련하기 위하여 그는 밤낮으로 일했다(살전 2:9).[10] 교회들로부터 선물을 받는 것은 예외적인 일이었다(고후 11:7-12; 빌 4:10-20). 바울은 안락한 삶을 포기했다. 그는 철저히 예수 그리스도의 종이 되기로 헌신했다(고후 11:23-29). 그는 자유인이지만, 많은 사람들을 구원하기 위하여 유대인에게는 유대인이 되고, 이방인에게는 이방인이 되고, 약한 자에게는 약한 자가 되

---

10. 바울은 젊었을 때, 자기 아버지의 직업인 천막을 만드는 자(tent-maker)가 되기 위하여 훈련을 받았다(행 18:3).

었다(고전 9:19-23). 바울이 소원하는 것은 자기선전이 아니라, 다른 사람과 마음으로 하나 되는 것이었다. 마지막 날에 그는 주 앞에 자기 교회와 함께 서기를 원했다(고전 9:1-2; 고후 11:2). 교회에 대한 그의 사도적 관심은 부모의 마음으로 표현되었다(갈 4:12-20; 살전 2:7-12).

바울이 세운 교회들은 모두 개인 집에서 모이는 가정교회였다. 바울에게 있어서, 교회는 건물이 아니라 성도들의 모임이고 '그리스도의 몸'이었다. 가정교회 안에서 교인들의 삶은 평등과 형제사랑에 근거했다. 현대 교회의 심각한 병폐인 예배와 일상생활의 분리는 그들에게 문제되지 않았다. 가정이 예배의 처소요 신앙생활의 중심이었기 때문에, 신앙과 삶은 쉽게 통합을 이룰 수 있었던 것이다.

3. 가정교회의 사회적 상황

바울이 교회의 모임 장소로 개인의 가정을 선택한 것은 자연스러운 일이었다. 초기교회에서 가정은 선교 기지, 지역 회중의 센터, 그리고 선교사들의 거처였다. 디아스포라 유대인들에게도 가정은 그들의 종교를 발전시킬 수 있는 중요한 장소였다. 가정은 특별히 외적 위협으로부터 자기 종교를 보전하는 마지막 보루였다.

고대 가족은 로마 제국에서 도시와 국가의 가장 기본적인 조직이었다. 가족은 보통 개인에게 가장 중요한 사회적 보험 역할을 했다. 개인에게 위기(사회적 몰락, 병, 노화, 전쟁, 자연적인 재앙 등)가 닥쳤을 때, 가족이 그를 위해 가장 큰 책임을 담당했다. 국가의 복지 제도나 어떤 보험 회사도 가족을 대신해 주지는 못했다. 로마 제국은 비록 퇴역 군인이나 가난한 자들을 돌보아 주기는 했지만, 복지 국가는 아니었다.

따라서 고대 가족은, 특별히 가족의 가장은, 법적, 사회적, 종교적인 일에서 상당한 독립을 향유하고 있었다. 이 독립성은 정부가 승인한 것이었다. 그것은 바로 책임에 따른 권리인 셈이다. 여기서 우리가 특별히 주목할 것은, 가정은 종교적으로 매우 의미 있는 장소였다는 점이다. 키케로는 그의 '집에 대하여'(De domo sua)라는 글에서 유명한 말을 했다. "개인의 가정보다 더 성스럽고 모든 종교에 의해 더 보호받는 것은 무엇인가? … 가정 안에는 성스러운 사당(shrine), 예배, 그리고 제사(cult)가 결합되어 있다. 이 신전은 모두에게 너무 성스러워서, 여기로부터 누구를 떼어 놓는 것은 신성 모독에 해당된다"(41.109).

가정은 교회가 외부 권세의 간섭을 받지 않고 자체적인 발전을 추구할 수 있는 공간을 제공했다. 가정에서 교회는 예배와 삶을 하나로 통합할 수 있었다. 그리고 가족을 중심으로 한 여러 관계(개인적, 경제적, 사회적, 종교적 관계)의 네트워크는 교회의 기초 구조로 활용되었다. 바울이 그리스도인의 행동을 가족과 관련시켜 설명하는 이유는 그것 때문이다.

바울이 개척한 교회들 중에서 신약 성경에 가장 자세히 소개되어 있는 교회는 고린도 교회다. 고린도 교회를 중심으로 우리는 가정교회에 대한 다음과 같은 대략적인 그림을 제시할 수 있다. 바울이 고린도에 이르렀을 때, 그는 클라우디우스 황제의 칙령으로 로마에서 추방당한 유대인 그리스도인 부부 아굴라와 브리스가(또는 브리스길라)를 만났다. 생업이 서로 같았기 때문에 바울은 그들의 집에 머물면서 함께 장막을 만드는 일을 하며 복음을 전했다(행 18:1-3). 아굴라와 브리스가의 집에서 모름지기 고린도의 첫 가정교회가 시작되었을 것이다. 두 번째 가정교회는 디도 유스도 집에서 형성된 것 같다(행 18:7). 바울은 실라와 디모데가 마게도냐에서 선교 보조금을 가지고 왔기 때문에 생계유지를 위한 노동에 매달리지 않고, 디도 유스도 집으로 옮겨 복음 증거 활동에만 전념했다. 그 집은 회당 옆에 위치해 바울에게는 특별히 중요했다. 1년 반 후에 바울은 아굴라와 브리스가와 함께 고린도를 떠나 에베소로 이동해 복음을 전했다. 에베소에서도 한 가정교회가 아굴라와 브리스가의 집에서 조직되어 모임을 가졌다(행 18:18-19; 고전 16:19). 바울 다음에 아볼로가 고린도로 왔는데, 그도 틀림없이 바울이 사용했던 방법을 썼을 것이다(행 18:27-28). 곧 한 집에 집중하여 집에서 가정교회를 형성했던 것이다. 나중에 그 가정교회가 특별히 아볼로에게 충성했다(고전 1:12; 3:4-6). 고린도에는 다른 가정교회들도 존재했다. 가이오의 집(롬 16:23; 고전 1:14)에서는 분명히 한 그룹이 모이고 있었고, 또한 회당장 그리스보의 집(행 18:8; 고전 1:14), 스데바나의 집(고전 1:16; 16:15-16), 그리고 에라스도의 집(롬 16:23)에도 가정교회가 모였을 가능성이 있다.

로마서 16장의 긴 인사 목록을 보면, 우리는 로마에 적어도 세 개의 가정교회들이 존재했다는 것을 알 수 있다. 첫 번째는 브리스가와 아굴라의 집에서 모이는 가정교회이고(롬 16:3, 5), 두 번째는 아순그리도와 블레곤과 허메와 바드로바와 허마와 그리고 그들과 함께 있는 형제들의 교회이고(롬 16:14), 세 번째는 빌롤로고와 율리아와 네레오와 그 자매와 올름바와 그리고 그들과 함께 있는 성도의 교회이다(롬 16:15; cf. 16:5, 10). 이름으로 판단하면, 첫 번째 가정교회는 대부분 유대인들로 구성된 교회였으나, 다른 두 가정교회는 주로 노예나 해방된 노예들로 구성된 이방인 교회인 것 같다.[11]

한 도시에 여러 가정교회들이 존재했다면, 여러 교회들은 서로 어떻게 관련을 맺고 있었을까? 고린도의 경우, 고린도전서 14:23에 '온 교회'가 함께 모였다는 기록이 있다.[12] 로마서 16:23에도 고린도 교회를 언급하여 '온 교회'의 모임 장소가 가이오의 집이었다고 말한다. 여기 '온 교회'란 고린도에 있는 모든 가정교회들에 있는 모든 그리스도인들의 모임을 의미한다. 당시 도시에 사는 일반인의 집에는 적어도 10-20명 정도의 사람들을 수용할 수 있는 방이 있었다. 아마도 처음 교회는 이러한 방에서 시작되었을 것이다. 교회가 수적으

---

11. 이상규, "초기 그리스도인들은 어디서 모였을까?: 첫 3세기 동안 그리스도인들의 예배당: 가정교회에서 바실리카까지," Hermeneia Today 22 (2003), 63-64; cf. J. A. Fitzmyer, *Romans* (AB; New York: Doubleday, 1993), 741-42.
12. 그런데 로마의 그리스도인들은 어떤 한 장소에서 전체 모임을 가졌다는 증거가 없다. 아마도 로마라는 도시의 크기 때문에 전체 모임은 엄두도 못 냈을 것이다.

로 성장하면, 자연스럽게 더 작은 그룹들로 나뉘어졌다. 그런데 모든 교회들이 함께 예배하기를 원하면, 다른 집의 더 큰 방이나 안뜰에서 전체 모임을 가졌다. 이러한 '온 교회'의 수는 고대 로마 집의 크기와[13] 그리고 고린도전서와 로마서와 사도행전에 나타난 고린도 교회의 인물 정보를 고려할 때[14] 약 50-100명 정도였던 것 같다. '온 교회'의 회합은 아마도 자발적인 이교도 모임들의 경우를 따라 한 달에 한 번 정도 있었을 것이다. 작은 가정교회들은 서로 구분된 공동체를 형성했지만, '온 교회'의 일부로 생각했다.[15]

작은 가정교회들과 '온 교회' 사이의 이러한 교류는 새로운 것이 아니었다. 바울은 이미 그것을 안디옥에서 경험했다. 갈라디아서 2:11 이하에 나타나는 안디옥 사건 당시, 안디옥에는 적어도 두 개의 가정교회가 있었던 것 같다. 하나는 이방인 그리스도인 중심의 교회였고, 다른 하나는 유대인 그리스도인 중심의 교회였다. 야고보에게서 어떤 자들이 오기 전에, 베드로는 이방인 형제들과 함께 식탁 교제를 하고 있었다. 그런데 야고보의 사람들이 도착하여, 베드

---

13. 당시 큰 집이 수용할 수 있는 인원은 약 50명 정도였다. 그런데 만약 사람들의 수가 너무 많아 일부가 방에 들어가지 못하고 안뜰까지 모였다면, 그 수는 두 배 가까이 되었을 것이다.
14. Blue("Acts and the House Church," 175, 주 218)는 고린도전서(1, 16장)와 로마서(16장)와 사도행전(18장)에 나타난 고린도 교회의 인물 정보를 가지고, 고린도 교회 전체('온 교회') 성도의 수를 약 100명 정도로 추측한다.
15. 이러한 이유 때문에 바울은 한 지역 안에 여러 작은 가정교회들이 있었겠지만 그 지역에 단 하나의 서신만을 보냈다(예, 고린도전서, 로마서).

로에게 모세의 음식법을 준수하라고 압력을 가했다. 이에 베드로는 그 자리를 떠나 유대인 그룹으로 이동했다. 이것은 이방인 그룹과의 관계 단절을 의미했다. 이 문제는 전체 모임('온 교회')에서 논의되었다. 바울은 베드로를 '모든 자 앞에서' 책망했던 것이다(갈 2:14).

가정교회의 내적 구조는 당시 가족(household) 구조와 관련되어 있었다. 고대 헬라 세계의 가족에는 직계 가족만이 아니라, 노예, 해방된 노예, 고용된 노동자, 동업자, 소작인(tenant), 가신(client) 등이 포함되었다. 교회의 집 주인은 가정교회 안에서 지도적인 역할을 담당했다. 여자들은 남성 우월적인 외부 사회에서보다는 가정에서 더 많은 독립을 누렸기 때문에, 가정교회 안에서 자신들의 재능을 발전시킬 수 있는 자유를 더 많이 향유했다. 노예들은 일반적으로 주인의 재산으로 여겨졌지만, 그리스도인 노예들은 주인으로부터 파격적인 대우를 받았다. 그리스도인이 다른 가정교회를 방문했을 때, 자신의 계급과 상관없이 누구든지(심지어 노예일지라도) 환대를 받았다.

그러면 교회 안에는 어떤 사회 계층이 있었는가? 이 점에 대하여 우리에게 가장 많은 정보를 제공해 주고 있는 교회는 역시 고린도 교회다. 당시 로마 사회에서는 세 가지 계급이 있었다. 상류 계급은 원로원 의원(senator)과 기사(knight)로 구성되었는데, 이들은 로마 사회에서 수적으로 매우 작은 그룹이었다. 하류 계급은 재산이 없는 무산 계급으로, 수적으로 가장 큰 그룹이었다. 이 그룹은 도시나 농촌이나 광산에서 노동으로 생활해 가는 해방 노예나 노예로 구성되었다. 경제 발전과 도시화 과정을 통하여 중류 계급이 성장했다. 중류 계급은 상당한 재산을 소유한 도시 부르주아 계급이었다. 이 유산 계급은 매매업자, 지주, 제조업자, 금융업자, 그리고 교사나 의사와 같은 전문 직업을 가진 사람들로 이루어져 있었다.

바울의 메시지에 자신을 개방했던 사람들은 중류와 하류 계급에 속한 자들이었다. 상류층 사람들은 배타적이고 전통적인 로마 생활 방식을 유지하는 사람들이어서 접근이 어려웠다. 그런데 중류층 사람들은 개척 정신이 강해 새로운 것에 관심이 많았다. 가정교회는 이러한 중류층 사람들의 개종과 함께 시작됐다. 만약 유복한 사람이 자기 집을 가정교회의 모임 장소로 제공하지 않았다면, 가정교회는 탄생할 수 없었을 것이다. 당시 대다수의 사람들은 여러 사람들이 함께 살아야 하는 비좁은 숙소에 거했기 때문이다.[16] 여기서 우리는 교회 안에 처음부터 사회적으로 유력한 사람들이 포함되어 있었다는 것을 알게 된다.

이것은 다음 사실을 고려할 때 더욱 분명해진다. 바울은 새로운 도시에 가면, 먼저 회당에 들어가 복음을 전했다. 그러나 오랜 유대교 전통 때문에 디아스포라 유대인들의 반응은 미약했다. 개종자들 중에서도 큰 성공을 거두지 못했다. 그들의 수는 회당에서 많지 않았다. 그리고 그들 중 다수는 유대인의 노예이거나 유대인에게 결혼

---

16. 셋방 거주자들과 교회 구성원의 상당한 비율을 차지했던 노예들이 그런 곳에서 거주했다.

한 여자들이었다. 그러나 '하나님을 경외하는 자'(God-fearer)들의 경우에 상황은 달랐다. '하나님을 경외하는 자'들은 할례와 율법의 의식법을 수용하지는 않았지만, 회당 예배에 참여하는 이방인들이었다. 이들은 회당에서 수적으로 적지 않은 그룹을 형성했다. '하나님을 경외하는 자'들은 유대교의 유일신 사상, 유대교인의 수준 높은 윤리, 그리고 유대교의 오랜 전통에 감동을 받은 자들이었다. 그러나 그들은 자기 가족들과의 관계, 직업을 중심으로 한 관계, 그리고 다른 여러 사회적인 관계들을 포기하길 원하지 않았다. 또한 그들은 당시의 유대인 배척 운동에 자신들을 완전히 노출하고 싶지도 않았다. 그러므로 '하나님을 경외하는 자'들은 단순히 회당의 준회원에 머물기를 원했다. 그들 중에는 좋은 가문 출신이 많았다. 사회적 약자들(노동자, 노예, 여자 등)은 여러 가지 현실적인 이유 때문에 완전히 개종한 경우가 많았다. 그러나 사회적 신분이 높은 자들은 가족과 직업을 고려하지 않을 수 없어 완전 개종이 어려웠다. 유대인들은 여러 가지 이익 때문에 이방인의 회당 가입을 장려했다. '하나님을 경외하는 자'들은 회당에 상당한 기부를 했고, 또한 디아스포라 유대인과 국가 권력 사이에 중재자 역할을 담당하기도 했던 것이다. 그런데 그들 중 많은 사람들이 바울의 설교를 듣고 기독교로 개종했다. 바울은 그들에게 개종의 조건으로 할례와 유대교의 의식법 준수를 요구하지 않았다. 그들은 기독교를 이방인에 대한 제한이 없는 유대교로 이해했다. 이러한 이방인을 놓고 유대인과 바울 사이에는 치열한 경쟁이 있었다(행 18:13을 보라). 이 경쟁에서 바울이 자주 승리를 거두었다. 회당은 회원 수와 재정 수입이 감소되었다.[17] 그러나 바울의 교회는 부유한 자들의 유입으로 성장의 발판을 마련했다.

바울 자신도 고린도전서 1:26-29에서 교회 안에는 처음부터 유력한 자들이 있었다고 진술한다. 특별히 1:26은 "형제들아 너희를 부르심을 보라 육체를 따라 지혜 있는 자가 많지 아니하며 능한 자가 많지 아니하며 문벌 좋은 자가 많지 아니하도다"라고 말한다. 여기서 바울은 고린도 교회 안에 사회적으로 특권층에 속한 자가 많지는 않아도 존재했다고 분명하게 인정한다.[18] 그들의 수는 적어도 8명이었을 것이다. 그들의 이름은 스데바나, 그리스보, 가이오, 에라스도, 아굴라, 브리스가, 디도 유스도, 소스데네 등이다(고전 1:14-16; 16:15-17; 롬 16:1-2, 23; 행 18:2-3, 6-8, 17). 이 사람들은 고린도 교회에서 가장 탁월한 인물들이었다.[19]

---

17. 이것이 바울이 유대인으로부터 박해를 받은 중요한 이유 중의 하나였다.
18. 여기 세 가지는 모두 사회적 카테고리로서 사회적 신분과 영향력과 계층을 나타낸다.
19. 부정적인 측면에서 볼 때도, 고린도 교회 안에는 유력한 자들이 있었다. 고린도 교회 안의 여러 문제들은 일부 유력한 자들의 사려 깊지 못한 행동 때문에 발생했다. 고린도전서 11:17-34에서 바울은 성찬 때 부유한 자들이 좋은 음식을 먼저 먹음으로써 가난한 형제들을 업신여긴 것을 책망한다. 고린도전서 8, 10장에서 취급된 문제, 곧 우상에게 바쳐진 제물을 먹는 문제에도 사회적인 측면이 있다. 유력한 자들은 이방 신전에서 거행된 여러 공식적인 행사에 자주 초대되어 고기를 먹었다. 이것은 약한 자들에게 거치는 것이 되었다(8:9). 최근의 학설에 의하면, 고린도전서 5장에 언급된 음행자도 사회적으로 신분이 높고 부유한 자였다. 그는 자기 아버지로부터 상속받은 재산을 지키기 위해 자기 계모를 데리고 살았다. 만일 계모가 다른 남자와 재혼하게 되면, 자기 아버지의 재산을 가지고 갈 것이기 때문이다. 또한 고린도전서 6:1-11에서 취급된

바울 서신에 대한 사회학적 연구가 있기 전에는, 바울의 교회는 일반적으로 가난한 사람들의 조직이었다고 생각되었다. 그러나 이제는 교회 안에 처음부터 가난한 자들과 함께 부유한 자들도 있었다는 것을 부정하는 자가 거의 없다. 초기 가정교회 안에는 사회적으로 다양한 계층들이 있었던 것이다. 이것은 고대 사회에서 흔하지 않은 일이었고,[20] 기독교의 계속적인 발전과 확장을 위하여 긍정적인 효과를 나타냈다. 이제 우리가 탐구해야 할 일은, 그러한 다양한 구성원들이 가정교회 안에서 어떻게 통합을 이루게 되었느냐는 것이다.

4. 가정교회의 통합 능력

초기 가정교회들은 주변 세계와 분명히 구분되는 삶의 모습을 보여 주었다. 그들은 교회의 내부 일들을 사랑으로 조정하기 위해 많은 에너지를 소모했다. 기독교의 메시지는 인종이나 직업이나 다른 사회적 구분 없이 모든 사람에게 전해졌다. 그 결과 여러 그룹과 계층의 사람들이 교회 안으로 들어왔다. 이제 중요한 일은 교회 안에서 모든 사람을 통합하는 것이다. 이 일은 각 교인의 삶의 모든 측면에서 획기적인 조정을 요구한다. 이것은 필연적으로 주변 환경과의

소송의 문제도 상당한 재산을 소유한 고소인과 피고소인을 전제하지 않고는 이해하기 어렵다.
20. 고대 여러 공동체의 구성원이 되려면 일반적으로 서로의 사회적 위치가 같아야 했다.

분명한 단절과 계속되는 갈등을 동반한다. 그러면, 새로운 개종자는 무슨 유익을 얻기에 그러한 손해와 고통을 감수했는가?

가장 중요한 소득은 복음에 참여하는 것이다. 달리 말하면, 일련의 교리에 대한 확신을 가지는 것이다. 바울은 자기 교회들에게 새로운 성전, 신상(神像), 또는 제의적인 드라마를 제공하지 않았다. 그가 전한 것은 사람을 내적으로 변화시키는 메시지였다(고후 4:3-6). 이 메시지는 '복음'이라고 불린다. 이 복음은 예수 그리스도의 사건을 모든 인류에게 유익이 되도록 해석한 것이다(고전 15:1-11). 이것은 하나님의 사랑 그 자체의 표현이다(롬 5:8-9). 하나님의 사랑은 하나님과 인간 사이에 새롭고 친밀한 관계를 창조한다. 복음은 죄인을 의인으로 그리고 심판 아래 있는 사람을 영생의 소망을 가진 자로 변화시킴으로써 그 능력을 입증한다.

청중으로부터 가장 긍정적인 반응을 불러일으킨 것은 영생에 대한 소망을 준 말씀이다. 바울의 교회들은 빌립보서 3:20-21의 말씀을 잘 이해하고 있었다. "오직 우리의 시민권은 하늘에 있는지라. 거기로서 구원하는 자 곧 주 예수 그리스도를 기다리노니 그가 만물을 자기에게 복종케 하실 수 있는 자의 역사로 우리의 낮은 몸을 자기 영광의 몸의 형체와 같이 변케 하시리라." 이러한 확신은 후에도 계속되었다. 빌립보서보다 늦게 기록된 베드로전서 1:3-4은 말한다. "우리 주 예수 그리스도의 아버지 하나님이 그 많으신 긍휼대로 예수 그리스도의 죽은 자 가운데서 부활하심으로 말미암아 우리를 거듭나게 하사 산 소망이 있게 하시며 썩지 않고 더럽지 않고 쇠하지 아니하는 기업을 잇게 하시나니." 또한 터툴리안도 이렇게 기록한다. "그리스도인들이 확신하는 믿음은 죽은 자들의 부활이다. 그것으로 우리는 믿는 자가 된다"(De resurrectione 1). 이 부활의 소망은 재림에 대한 임박한 기대와 결합되었다. 초기 그리스도인들은 모두 열정적으로 이 세상의 종말이 가까웠다고 믿었다(롬 13:11; 16:20; 고전 7:29-31; 16:22; 빌 4:5). 이러한 믿음 때문에, 그들은 이 세상의 생활 방식을 포기하고 기존 질서와의 계속되는 갈등을 능히 견뎌낼 수 있었다.

기독교 개종자들의 또 다른 소득은 공동체의 삶에 참여하는 것이다. 복음을 영접하는 것과 교회에 가입하는 것은 분리될 수가 없다. 그리스도인 공동체는 집단적으로 '성도'(롬 1:7; 고전 1:2; 고후 1:1)와 '택하심을 입은 자들'이라고 불린다(살전 1:4; 고전 1:27). 그들은 하나님의 '아신바 된 자들'이고(고전 8:3; 갈 4:9), 하나님의 '부르심을 입은 자들'이다(고전 1:9; 갈 1:6; 5:8). 그리스도인들은 또한 '하나님의 자녀들'이다(롬 8:16, 21; 갈 3:26). 따라서 그들은 서로를 '형제들'이라고 부른다('형제들'은 바울이 교회에 편지를 쓸 때 보통 사용하는 호칭이다). 그러나 '외인들'(고전 5:12-13; 살전 4:12; 엡 2:19)을 언급할 때에는 분리와 거리를 강조하는 용어들이 사용된다. 그것들은 '이방인', '하나님을 모르는 자들'(살전 4:5; 갈 4:8), '소망이 없는 자들'(살전 4:13), '믿지 아니하는 자

들'(고전 6:6), '불의한 자들'(고전 6:1, 9) 등이다.[21]

그리스도인 공동체의 중요한 특징은 평등이다. 이것은 복음을 영접한 자들이 다양한 그룹과 여러 사회 계층 출신이라는 점을 생각할 때 특별히 의미 있다. 평등은 갈라디아서 3:27-28의 초기교회 세례의식 고백문 안에 잘 표현되어 있다. "누구든지 그리스도와 합하여 세례를 받은 자는 그리스도로 옷 입었느니라. 너희는 유대인이나 헬라인이나 종이나 자주자나 남자나 여자 없이 다 그리스도 예수 안에서 하나이니라"(cf. 고전 12:13; 골 3:11). 그리스도의 죽음에 믿음으로 동참하여 세례를 받은 자들은, 이제 그리스도로 옷 입은 새 사람이다. 이 변화는 새롭게 하시는 성령의 사역의 결과로써, 수세자들의 종말론적인 신분을 말해 준다. 여기서 우리는 마지막 날에 인간이 내적으로 근본적인 변화를 받을 것이라는 구약 예언의 성취를 본다(렘 24:7; 31:33-34; 겔 36:26-27; 욜 2:26-27; 3:1-2). 고대 사회에는 유대인과 이방인, 노예나 자유인, 남자와 여자 사이의 구분과 차별이 존재했다. 그러나 교회 공동체 안에는 더 이상 인종적, 신분적, 성적 구분이 존재할 수 없다. 누구든지 세례를 받고 동일한 성령을 부여받은 자들은 그리스도 안에서 동등한 것이다. 이것은 영적으로 하나님 앞에서 사실일 뿐만 아니라, 교회의 구체적인 삶 속에서도 사실

---

21. 그렇다고 해서 세상으로부터 완전 격리하여 사는 것이 그리스도인의 삶의 원칙은 아니다. 그리스도인들은 세상 안에 살면서 예수 그리스도의 증인으로 살아야 한다(고전 10:32-33).

이다. 교회 공동체의 모든 구성원들은 '한 성령을 통하여' 공동체 안으로 들어 왔으며(고전 12:13), '한 성령 안에서' 동일하게 하나님께 나아가며(엡 2:18), '동일한 성령에 의해' 삶의 지도를 받는다(갈 5:25). 그리고 그들은 성령의 은사들을 함께 나누어 갖고(고전 12-14장), 은사를 통하여 주의 영광스런 사역에 모두 참여하며, 또한 주의 만찬에도 동등한 자격으로 동참한다. 교회 공동체 안에서는 아무도 특권을 주장하거나, 다른 사람을 차별할 수 없다. 이제는 이방인도 유대인의 감람나무에 접붙임을 받고(롬 11:17), 아브라함을 자기 조상이라 주장하고, 아브라함에게 약속된 모든 복의 상속자가 되었다(갈 3:29; 롬 4:16, 17). 노예도 더 이상 '종과 같지 아니하고 종에서 뛰어나 곧 사랑 받는 형제'가 되었다(몬 1:16; cf. 골 4:9). 또한 성의 차이도 이제는 의미가 없다(cf. 창 1:27).[22] 여자도 남자와 동등하게 교회 활동에 참여할 수 있는 권리를 가지게 되었다.[23] 심지어 여자가 교회에서 예언할 수

---

22. 가정교회들이 언급될 때, 한 가지 놀라운 일은 많은 여인들의 이름이 거명되는 것이다. 몇몇의 경우(루디아, 눔바)에는 집 주인인 과부들을 생각할 수 있다. 그러나 브리스가를 아굴라 앞에 언급한 것은(롬 16:3) 그것으로 설명되지 않는다. 거기에는 갈라디아서 3:28의 선언("너희는 유대인이나 헬라인이나 종이나 자주자나 남자나 여자 없이 다 그리스도 예수 안에서 하나이니라")이 가정교회 안에서 효력을 발하는 듯하다.
23. 고린도 교회 모임에서 여자들이 기도하고 예언하는 일은 보통 있는 일이었다(고전 11:5). 여자 예언자에 대한 이런 바울의 언급은 매우 중요한 의미를 갖는다. 예언이 교회 안에서 일어날 수 있는 가장 중요한 활동이라고 바울은 믿고 있기 때문이다(고전 14:1-5, 20-25, 30-31, 39, 40). 하나님께로부터 직접 받은 말씀을 다른 사람과 함께 나누는 이 임무야말로 다른 무슨 활동보다도 앞서는 것이다. 바울은 아마도 교회 안에서 여자의 예언 활동을 요엘 선지자의 예언(욜 2:28-29)의 성취라고 믿었던 누가의 입

도 있게 된 것이다. 이처럼 성령과 세례는 교회 안에서 이 세상의 모든 차별을 무너뜨리고 혁명적인 평등을 창조하셨다. 실로, 가정교회는 진정으로 화해가 이루어진 화해의 공동체였다.

평등과 관련하여 바울의 주요 관심사는 교회의 하나됨이다. 내부에 서로 경쟁하는 그룹들이 존재하면 교회는 큰 위험에 빠진다. 그 존재는 생명력의 신호가 아니라, 교회의 하나됨이 위협을 받고 있다는 표시이다(고전 1-4장). 그리스도인들은 반드시 '한 마음과 한 입으로' 하나님께 영광을 돌려야 한다(롬 15:6). 구원과 상관없는 관습(예, 음식과 날에 대한 관습)을 지키는 일은 연약한 형제를 위하여 양보할 수 있어야 한다(롬 14:1이하). 교인들은 자기가 원한다고 해서 예배 중에 아무 때나 은사를 사용해서는 안 된다. 그들은 반드시 교회의 덕을 세우는 일에 초점을 맞추어야 한다(롬 14:19; 15:2; 고전 8:1). 그들의 말은 모든 교인들에게 이해될 수 있어야 하고, 예배의 질서에 부합되어야 한다(고전 14장). 참으로 중요한 것은 오직 성령 안에서 화평(롬 15:33)과 마음의 일치(고전 1:10)이다.

성령은 황홀경의 세계로 우리를 이끌어가는 것이 아니라, 기존 사회 구조를 혁명적으로 변화시키는 능력으로 나타난다. 성령의 주요한 사역은 사랑을 유발하는 것이다. 갈라디아서 5:22-23에 의하면, 사랑은 '성령의 열매'다. 여기서 '열매'라는 은유가 시사하듯이, 성령은 사랑의 보조자가 아니라, 사랑의 내적 원천이요 힘이다. 그러

장(행 2:17-18)에 동의했을 것이다.

면 성령은 어떻게 사랑의 능력을 공급하는가? 육체에 속한 자들은 정욕에 사로잡혀 온통 육신의 일만을 생각한다(롬 8:5). 이런 자들은 "헛된 영광을 구하여 서로 격동하고 서로 투기하기 때문에"(갈 5:26), 그리스도의 낮아진 삶과 고난과 죽음의 진정한 의미를 알 수 없다. 그들의 눈에는, 십자가란 미련한 것이다(고전 1:23). 그러나 성령은 우리에게 십자가의 복음을 가르치시고 깨닫게 하신다(고전 2:13). 그러니까 우리는 성령의 도움으로 십자가에 나타난 그리스도의 영광스런 사랑의 모습을 보게 되는 것이다(cf. 롬 5:5). 그리하여 우리는 십자가의 사랑에 압도당하게 된다. 이것은 우리 안에 강력한 내적 열망을 창조하는데, 그것은 육체의 정욕에 복종하는 수치스런 삶을 단호히 거절하고 그리스도를 본받아 사랑의 삶을 살고자 하는 마음이다. 이렇게 우리가 성령의 인도를 받아 서로 사랑의 종이 되면, 교회는 놀라운 통합을 이루게 된다.

5. 가정교회의 공중 예배

이제 우리는 평등과 하나됨의 공동체인 가정교회의 공중 예배를 살펴보고자 한다. 바울 서신에서 공중 예배 중에 발생한 문제들을 집중적으로 취급하고 있는 곳은 고린도전서 11-14장이다. 비록 자료는 단편적이지만, 우리는 여기서 초기교회의 공중 예배에 대한 중요한 정보를 얻을 수 있다.

바울은 성찬의 오용 문제를 다루면서, '그러므로 너희가 한 자리에 함께 모여서'라고 시작한다(고전 11:20). 14:23에서 바울은 방언과 예언에 대하여 말하면서 비슷한 표현을 사용한다. 그런데 14:23에는 '온 교회'라는 말이 구체적으로 언급된다. "그러므로 온 교회가 한 자리에 함께 모여서"(고전 14:23). 여기서 우리는 고린도전서 11-14장의 말씀이 '온 교회'의 모임을 염두에 두고 있음을 알 수 있다. 그러나 바울이 다른 곳에서 작은 가정교회의 모임에만 해당되는 특별한 활동들에 대해 언급을 하지 않는 것으로 보아, 작은 가정교회의 모임과 '온 교회'의 모임은 기본적으로 동일한 역할을 했다고 생각된다.

그러면 '온 교회'가 한 자리에 모여 예배를 드릴 때 어떤 활동들이 있었는가?[24] 먼저, 고린도전서 11:20 이하에서 바울은 주의 만찬이 있었다고 말한다. 이 만찬은 가정집에서 모든 성도가 참여하는 애찬(love feast) 중에 거행되었다(cf. 롬 16:23). 고린도전서 11:20은 주의 만찬을 거행하는 것을 '주의 만찬을 먹는 것'이라고 표현한다. 여기서 '만찬'에 해당하는 헬라어는 보통 저녁에 먹는 정찬을 가리킨다(cf. 눅 14:12; 요 13:4; 21:20). 또한 '먹는 것'도 보통 식사에 참여하는 것을 의미한다(cf. 롬 14:2; 고전 10:27; 눅 10:8). 그리고 빵을 떼고 나누는 것도, 당시 유대인 가정에서 식사를 시작하는 일반적인 방법이고,

---

24. R. Banks, 『1세기 교회의 예배모습: 역사적인 고증을 바탕으로 극화한 초대교회의 예배모습』(장동수 역; 서울: 여수룬, 1989)를 보라. 최근에 『1세기 교회 예배 이야기: 역사적 자료에 기초한 초대교회 모습』(신현기 역; 서울: IVP, 2017)으로 재출간되었다.

포도주를 나누는 것도 식사를 마치는 정상적인 순서였다.

식사의 시작과 끝에는 기도가 덧붙여졌다. 그런데 이 식사가 언급되는 성경 어느 문맥에서도 의식을 집행하는 성직자나 또는 어떤 공식적인 사람이 있었다는 기록이 전혀 없다. 아마도 대부분의 식사의 경우처럼, 주의 만찬은 교회로 모이는 집의 남자 주인의 손에 의해 이루어졌을 것이다.

주의 만찬을 거행하는 것은 주의 죽음을 가시적으로 선포하는 것이다. "이것은 너희를 위하는 내 몸이다"(고전 11:24)라는 말은 "이것은 너희를 대신하여 목숨을 버린 나다"라는 의미이다. "이 잔은 내 피로 세운 새 언약이다"(고전 11:25)는 말은 "이것은 나의 죽음을 통하여 하나님과 너희 사이에 세워진 새로운 관계다"라는 의미이다. '몸'과 '피'는 분명히 예수님의 죽음을 묘사하는 것이고, '언약'이라는 용어는 그 죽음의 결과로 오는 놀라운 혜택, 곧 하나님과 사람 사이의 새로운 관계뿐만 아니라 사람과 사람 사이의 새로운 관계를 나타낸다. 공동체의 구성원들이 한 자리에 모여 함께 빵과 포도주를 먹고 마시는 것은, 그런 새로운 관계를 상기시켜줄 뿐만 아니라 그 관계를 실제적으로 심화시킨다. 마치 가족이나 작은 그룹이 공동 식사에 참여함으로 그들 상호간의 유대 관계를 보여주며 더욱 굳게 할 수 있는 것과 같은 것이다.

또한 바울은 고린도전서 14:26에서 예배 활동에 대하여 중요한 진술을 한다. "그런즉 형제들아 어찌할꼬 너희가 모일 때에 각각 찬송시도 있으며 가르치는 말씀도 있으며 계시도 있으며 방언도 있으며 통역함도 있나니 모든 것을 덕을 세우기 위하여 하라"(cf. 고전 14:6). 여기에서 언급된 찬송시, 가르치는 말씀, 계시, 방언, 통역 등은 그 당시 공중 예배의 기본적인 요소들이었다.

'찬송시'는 그리스도인들이 사용하는 유대인의 시편이나 그리스도인들이 지은 시를 가리키는 것 같다. 빌립보서 2:6-11과 골로새서 1:15-20에 나타난 기독론적인 시들은 그리스도인 찬송시의 대표적인 예다. '가르치는 말씀'은 구약 성경과 예수님의 이야기에 나타난 하나님의 구원에 관한 말씀인데, 그것은 고린도전서 12:8-10의 은사 목록에 포함된 '지혜의 말씀'과 '지식의 말씀'과 관련되는 것 같다. '계시'는 성령의 감동으로 주어진 말씀으로 '예언'도 포함한다(cf. 14:6). 14:30에서 '계시가 있거든'이 예언 분변의 문맥에서 등장하기 때문이다. '예언'의 목적은 '덕을 세우며 권면하며 안위하는 것'이다(14:3). '방언'은 성령에 감동된 언어(인간이 알아들을 수 없는 말)로 하나님께 드려지는 기도와 찬송이다(14:13이하). '통역'은 12:10에서 언급된 방언 통역이다. 방언은 통역된다면 교회에 유익을 줄 수 있다(14:13).

이 외에도 고린도전서 14:15-16에는 다른 예배 요소들이 언급되어 있다. 그것들은 '기도', '찬양', '감사', 그리고 공동체의 반응인 '아멘'이다. 또한 16:22의 '마라나타'("우리 주님, 오시옵소서")도 초기 종말론적인 기도로써, 당연히 예배 활동에 포함되었을 것이다.

예배 활동의 목표는, 고린도전서 14:26("모든 것을 덕을 세우기 위하여

하라")에 나타난 바와 같이, 덕을 세우는 것이다. 이것은 12:7에 나타난 은사의 목적과 부합한다. "각 사람에게 성령의 나타남을 주심은 유익하게 하려 하심이라." 다시 말해서, 예배 중에 믿는 자들이 다양한 은사들을 사용하는 목적은 자기의 덕을 세우기 위한 것이 아니라 교회의 덕을 세우기 위한 것이다(cf. 14:3). 하나님을 영화롭게 하는 것과 교회를 유익하게 하는 것은 서로 구분되는 것이 아니다(cf. 고전 10:31-33). 하나님은 교회의 덕이 세워지는 예배를 통하여 영광을 받으시는 것이다.

유대인의 모임은 토라 중심이었다. 곧, 성경 낭독, 강론, 신앙 고백 그리고 기도가 회당 예배의 중요한 내용이었던 것이다. 그런데 헬라인의 종교 모임은 행진, 춤, 극적인 의식 그리고 신성한 식사를 중심으로 이루어졌다.[25] 그러나 그리스도인들은 각자 자기 은사를 가지고 서로 세워주기 위하여 모임을 가졌다. 이것이 바울에게는 예배 행위였다. 외부인들의 눈에는, 초기 가정교회의 모임은 종교 같지도 않았을 것이다. 그리스도인들에게는 신전, 신상, 제사장, 제사 등이 없었기 때문이다. 그러나 바울이 볼 때, 어떤 신성한 장소보다는 성도의 모임이 바로 성전이었고(고전 3:16-17), 성도 모두가 제사장들이었다. 하나님은 돌로 만들어진 건물 안이 아니라, 자기 백성 가운데

---

25. 가톨릭은 점차적으로 헬라 종교의 길을 따라 의식 활동을 예배의 중심으로 삼았고, 신교는 회당 예배의 길을 따라 성경책을 예배의 중심에 두었다. 물론 말씀과 성찬이 교회에서 중요하지만, 교회 안에서 성령의 사역은 그것들로 제한되어서는 안 된다.

거하여 역사하시기 때문이다.

6. 가정교회의 변천과 종말

바울의 교회들은 모두 하나도 예외 없이 가정교회였다. 바울의 후기 서신이라 할 수 있는 목회 서신에 나타난 교회도 가정교회였다. 비록 목회 서신에는 교회 공동체가 '몸'으로 묘사된 곳이 없고, 은사의 중요성도 감소되고, 여자의 역할에도 좀 더 제한이 있고, 감독을 중심으로 한 제도화의 시작이 나타나고 있지만, 목회 서신의 공동체는 여전히 가정 중심의 공동체였다.[26] 목회 서신이 교회를 '하나님의 가족'이라고 묘사하는 것(딤전 3:15),[27] 직분자의 자격을 말할 때마다 자기 가정을 잘 다스려야 한다는 점을 강조하는 것(딤전 3:4-5, 12; 5:4), 그리고 그 서신 안에 오이코스와 그 동족어가 빈번하게 출현하는 것(예, 딤전 3:4, 5, 12, 15; 5:4, 8, 13, 14; 딤후 2:10; 딛 1:7, 11) 등이 그것을 말해 준다.

그리스도인의 가정집에서 모이는 가정교회는 2세기 중반까지 그리스도인들의 공동체 생활을 지배했다. 개인의 가정, 특별히 식당은 그리스도인들의 초기 자기 인식에 부합하는 환경을 제공했다. 모임 장소로서의 가정집을 선택한 것은, 예수님이 최후의 만찬을 위해

---

26. A. J. Malherbe, 『초기 그리스도교의 사회적 이해』(조태연 역; 서울: 대한기독교서회, 1994), 143-44.
27. 개역성경에는 '하나님의 집'이라고 번역되어 있다.

다락방을 선택하신 것과 사역의 환경으로 세속적인 장소를 선택하신 것 그리고 믿는 자들 사이에 가족적인 유대를 강조하신 것을 반영한 것이다. 이러한 가정 중심의 초기교회는 기독교 신앙을 갈릴리 해변에서부터 로마 제국의 변방까지 신속하게 보급했다. 112년 경 비두니아의 총독 플리니(Pliny)는 트라얀 황제에게 기독교의 확산을 보고하면서, "이 미신의 전염성은 도시에만 제한되어 있지 않고, 마을과 농촌으로까지 확산되고 있다"고 논평했다.

그런데 2세기 중엽 이후에 그리스도인 공동체의 모임 장소에는 새로운 변화가 나타났다. 기존의 가정집을 개조하여 교회 모임 장소로만 이용하는 새로운 형태의 가정교회가 대두하기 시작한 것이다. 이것은 교인의 숫자적 증가로 인한 자연적인 발전이었다. 베드로 행전이나 도마 행전을 보면, 사도들이 자기들의 집(특별히 식당)을 그리스도인들이 정기적으로 모일 수 있는 장소로 개조했다는 이야기들이 등장한다(Acts of Peter, 7-8, 19-20; Acts of Thomas, 131-133). 또한 위(僞)-클레멘티네스 안에 있는 베드로 이야기는 안디옥의 테오필루스(Theophilus of Antioch)를 자기 집을 교회로 바친 자로 묘사하고 있다(Recognitiones, X.71). 이 새로운 가정교회 모임 장소 중의 하나가 1931/32년에 유프라테스 강 서안에 위치한 두라-유로포스에서 발굴되었다. 이 건물은 두라-유로포스의 전형적인 주택이었는데, 안뜰과 8개의 내실이 있고, 내실 중의 둘은 하나의 큰 모임 장소로 변형되었다. 이 변형된 방의 크기는 5.15 x 12.9 미터로, 65-75명의 사람을 수용할 수 있었다. 이 큰 내실이 생겨난 연대는 벽에 남아 있는 낙서로 보아 232/233년으로 추정할 수 있다. 또 다른 내실에는 세례용 물통이 있었고, 벽에는 여러 가지 성화(선한 목자, 선악과 옆의 아담과 이브, 중풍병자의 치료, 가라앉는 베드로, 우물가의 사마리아 여인, 다윗과 골리앗)로 장식되어 있었다.

개조된 가정집에서 모임을 가진 가정교회는 3세기 말까지 여전히 중심을 이룬다. 261년 경 갈리에누스(Gallienus)가 기독교에 대한 박해를 중단하고 '예배 장소들'을 교회 감독들에게 복구시켜 주라는 칙령을 내렸을 때, 그 '예배 장소들'은 거의 틀림없이 개조된 가정집들이었을 것이다. 화이트(White)는 그런 교회당이 어떤 지역에서는 5세기까지 잔존했을 것으로 추측한다.

3세기 중엽 이후에 또 다른 변화가 있었다. 그것은 개조된 가정집과는 다른 별도의 교회당이 세워지기 시작한 것이다. 이러한 변화는 당시의 정치 상황과 관련이 있다. 249년에 황제가 된 데시우스(Decius)는 기독교에 대한 적대감을 가지고 250년부터 기독교를 혹독하게 박해하기 시작했다. 그러나 그는 다음 해 251년 고트 족과의 전투에서 사망했다. 데시우스가 죽자 그의 친구 발레리안(Valerian)이 황제가 되어 전임자처럼 기독교를 탄압했다. 그도 곧 적군(페르시아인)에게 포로로 잡혀 갔고, 그의 아들 갈리에누스가 260년 황제에 즉위했다. 그는 박해에도 불구하고 확산되는 기독교의 영향력을 보면서 정책을 바꿔 기독교에 대한 탄압을 중단했다. 그리하여 교회는 디오클레티안에 의해 핍박이 재개되기까지 40년간 비교적 평화를 누릴 수 있었다. 이 평화의 시기에, 특별히 270년에서 303년까지, 개종자들의 수가 크게 증가했고, 그에 따라 여러 지역에 별도의 교회당이 건축되기 시작했다. 이와 관련하여 3세기 말에 유세비우스는 그리스도인들이 "과거의 건물에 만족하지 않고 건축 기금을 사용하여 모든 도시에 큰 교회를 건설했다"고 말한다. 이 말은 다소 과장된 것이 사실이지만, 콘스탄티누스 이전에 아마도 일종의 바실리카라고 할 수 있는 교회 건물들이 이미 존재한 것 같다. (그러나 이것을 정확하게 확인할 수 있는 교회 건물은 아직까지 발견되지 않았다.) 유세비우스에 의하면, 그런 건물들 안에는 일반적으로 성직자의 자리와 평신도의 자리가 구분되어 있었다.

여기서 주목할 것은 교회가 개조된 가정집이나 또는 다른 독립된 건물을 소유하고서부터 '교회'라는 용어가 건물에도 적용되기 시작했다는 것이다. (바울 서신에서는 그 용어가 하나도 예외 없이 교인들의 모임을 가리키는데 사용되고 있다. 사실, 신약성경 시대에는 독립적인 교회 건물은 존재하지 않았다.) 바로 앞에서 언급된 위(僞)-클레멘티네스의 Recognitiones(X.71)과 유세비우스의 교회사(VIII.1.5)가 대표적인 예다. 심지어 유세비우스는 312년 두로에 세워진 교회당 봉헌 설교에서 그 교회당을 이스라엘의 성전에 비유했다.

313년 콘스탄티누스의 밀라노 칙령에 의한 기독교의 공인은 그리스도인의 삶과 교회당 건축에 엄청난 변화를 가져왔다. 공인 당시 로마 제국 안의 그리스도인의 인구는 약 10% 정도로 추산되나, 그 수는 곧 크게 증가해 갔다. 4세기 초 콘스탄티누스의 전임자 디오클레티아누스의 박해시대 동안의 교회당들의 파괴와 기독교 공인 이후의 그리스도인들의 수적 증가로 인하여, 교회는 새로운 교회당을 건축하게 되었다. 이 교회당은 소위 '바실리카'라고 불리는 직사각형의 건물로, 한 지역의 교회 또는 대도시의 한 구역의 교회 전체를 포함하기에 충분한 큰 건물이었다. 바실리카는 세 부분으로 구성되었는데, 그것들은 사각형 형태의 입구인 아트리움(atrium), 회중석(naves) 그리고 성직자의 좌석이 있는 성소(sanctuary)다.[28] 이런 교회당의 출현과 함께 교회는 그때까지 존재했던 가족적인 가정 공동체의 교회 구조를 완전히 포기했다. 예배 의식도 일부 궁중 의식을 받아 들여 더 장엄하고 더 고정화되고 더 제사장적인 특징을 갖게 되었다. 한 마디로 말하면, 이제 교회의 삶은 많은 점에서 대규모였으나 추상적이기도 했다. 친밀하고 가족적이고 실제적인 교회의 삶은 상실되었다.

7. 나가는 말

가정교회는 신약 성경 시대에 출현하여, 바울의 모든 교회의 예배와 삶을 지배했고, 150년까지 기독교 신앙을 로마 제국 전역에 확산시키는 데 결정적인 역할을 했다. 2세기 중엽 이후 가정교회는 조금씩

---

28. 이상규, "초기 그리스도인들은 어디서 모였을까?" 66.

변화를 경험했지만, 4세기 초까지 가장 보편적인 교회 형태였다. 그런데 콘스탄티누스의 밀라노 칙령(313년) 이후에 바실리카들이 세워지면서 가정교회는 거의 자취를 감추게 되었다. 바실리카라는 교회 건물의 등장은 여러 가지 측면에서 교회에 대한 이해와 그리스도인의 삶에 심각한 질적 변화를 가져왔다.

무엇보다도 먼저, 교회는 성도의 모임이 아니라 건물로 이해되었다. 바울은 그리스도인의 모임을 하나님의 성전이라고 말했는데(고전 3:16; 고후 6:16), 나중에 그리스도인들은 교회 건물을 성전이라고 생각했다. 둘째, 복수(複數) 리더십과 리더십의 평등은 주교를 중심으로 하는 성직자 계급 제도에 자리를 양보했다. 일종의 구약적인 제사장 제도가 다시 교회 안으로 들어온 것이다. 셋째, 은사 중심의 사역이 사라지고 성직자와 평신도의 구분이 시작되었다. 바실리카 안에 있는 성소와 회중석의 구분은 그런 변화를 반영한다. 넷째, 예배는 모든 성도가 적극적으로 참여하는 축제에서 성직자가 중심이 된 의식(ritual)으로 전환되고 평신도는 수동적인 관람객으로 전락했다. 다섯째, 바울의 가정교회에서 통합되었던 예배와 삶이 분리되었다. 그에 따라 많은 교인들이 그리스도인에서 형식적인 종교인으로 변질되었다. 여섯째, 주의 만찬이 애찬에서 분리되어, 공동 식사가 아니라 제단 의식이 되었다. 일곱째, 공동체 안에서 은사를 통한 나눔은 없어지고, 이제 주교에게 나아오는 것과 그의 음성을 듣는 것과 성례식에 참여하는 것만이 존재하게 되었다. 그리스도인으로서 존재하는 것이 무엇을 의미하는지에 대한 이해가 심각하게 뒤틀리게 된 것이다. 마지막으로, 교회는 가족 공동체의 특성을 상실하고 개인주의가 교회 안에 뿌리내리게 되었다.

이런 엄청난 변화들과 함께, 성경에 나타난 원래 교회의 모습인 가정교회는 이제 불법 모임으로 선언되었다. 예를 들면, 360년과 370년 사이 어떤 시점에서 열린 라오디게아 회의는 가정집에서 주의 만찬을 행하는 것을 금지했다. "주교나 장로는 가정집에서 주의 만찬을 행해서는 안 된다"(Canon 58). 이것은 어떤 점에서 성경 이후에 생겨난 교회 전통이 성경을 정죄한 것이다. 물론, 신약 성경 이후 교회의 발전은 모두 다 부정적인 것만은 아닐 것이다. 그렇지만, 어떠한 변화 속에서도 교회의 본질은 유지되고 보존되어야 한다. 사실, 바울은 교회 건물과 제도화된 성직자 계급이 없었어도 초기 그리스도인 공동체에 무엇이 결핍되었다고 생각하지 않았다. 오늘날 우리에게 던져진 회피할 수 없는 도전은, 새로운 교회 전통 속에서 성경에 나타난 교회의 본질을 어떻게 회복하느냐는 것이다.

부록 2
교회 형태의 비교 도표

	전통교회	셀교회	가정교회
조직 원칙	소그룹을 가진 교회 (Church WITH small groups)	소그룹으로 된 교회 (Church OF small groups)	소그룹이 곧 교회 (Church IS small groups)
조직 도형	중심 (Hub) 큰 원 = 대그룹	중심과 살 작은 점 = 소그룹	네트워크 검은 점 = 가정교회
모임 크기	몇 개의 소그룹을 가진 대그룹	대그룹과 소그룹을 똑같이 강조	소그룹 중심, 가정교회 연합으로 보충
모임 형식	계획된 예식과 수동적 청중	대그룹: 계획됨, 소그룹: 열려 있음	열려 있고 참여 중심 및 상호적
모임 진행	일방적	대그룹: 일방적, 소그룹: 상호작용	상호작용
모임 위치	교회 건물	대그룹: 교회 건물, 소그룹: 가정	가정
모임 날짜	일요일	대그룹: 일요일, 소그룹: 아무 날	일요일/ 혹은 매일
모임 시간	고정됨 (1-2시간)	대그룹: 고정됨, 소그룹: 유연함	유연함
상위 연계망	교파	교파	가정교회 네트워크
지도력 구조	한 사람에게 집중	피라미드 구조와 단계적 지도력	수평적 구조와 팀 사역 지도력

부록 3
초기교회의 구조 및 연결망

아래 그림은 초기교회를 말할 때에 빼놓을 수 없는 특징이었던 조직적인 요소들을 보여준다. 이것은 오늘날 많은 교회에서 볼 수 있는 여러 계층의 피라미드 구조와 같지 않으며, 상대적으로 수평적인 구조이다.

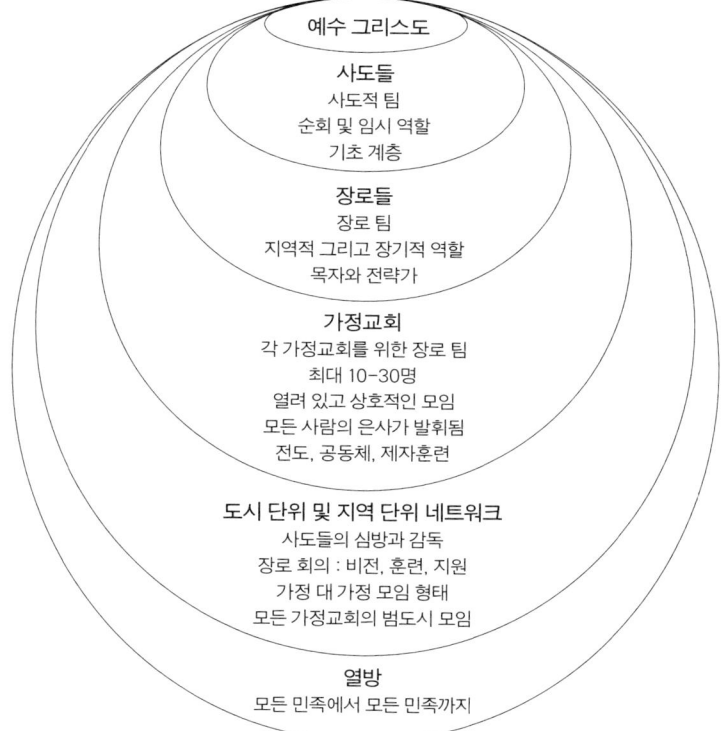

부록 4
가정교회를 시작해야 하는 10가지 이유

다음 항목들은 제이슨 존스톤과 래드 지데로가 쓴 '세상 구원 … 가정교회 개척'(Save the World … Plant a House Church)이라는 제목의 미출간 원고에서 수정발췌한 글이다. 캐나다 가정교회 웹사이트(www.housechurch.ca) 'Resources'에서 볼 수 있다.

1. 성경적이다. 이것은 예수님과 제자들에 의해 개척되었고 처음 3세기 동안 초기교회에 의해 지속되었으며 역사를 통해 회복, 개혁과 부흥운동으로 이어져 온 신약성경의 표준이 되는 원형이다.
2. 급격히 증가한다. 성장하는 세계에 복음을 전하기 위해서는 단순히 더해지는 것으로 안 되고 폭발적으로 증가해야 한다. 현재 전세계에서 펼쳐지는 가정교회 운동은 전통적인 교회의 개척과 성장을 능가하고 있다.

3. 효과적이다. 가장 효과적인 복음 전파의 방법은 기존 교회의 성장이 아니라 새로운 교회를 세우는 것이다. 가정교회는 가장 쉽게 재생산할 수 있는 교회 형태이므로 명백히 교회개척을 위한 가장 좋은 선택이다.

4. 자연스럽다. 가정교회는 지역사회의 일부분이 되어 쉽게 관계성을 형성하므로 지역의 고유한 특성에 잘 적응할 수 있다.

5. 사람 중심적이다. 그들은 값비싼 프로그램이나 프로젝트가 아니라 사람들 사이의 관계성과 그들을 영적으로 계발시키는 일에 집중한다.

6. 유연하다. 그들은 특히 박해받고 가난한 지역에서 전통적인 교회보다 유동적이고 융통성 있으며 쉽게 적응한다.

7. 동등한 기회가 주어진다. 작고 친밀하며 참여지향적인 특성 덕분에 지도자뿐 아니라 모든 구성원들이 교회 모임 동안 자신의 영적 은사를 발휘할 수 있다.

8. 묶여 있지 않다. 그들은 교회 건물에 제한을 받지 않는다. 교회개척 운동을 시작하는 데에는 건물 유무가 중요하지 않다. 사실 건물은 장애물이 될 수도 있다. 교회 건물 자체가 악하거나 가정이 그 자체로 마법을 발휘하는 것도 아니지만, 건물을 유지하는 데 드는 시간과 열정과 돈에서 벗어나 복음 전파와 제자훈련에 집중해야 한다는 사실은 현재의 관행을 재고할 필요성을 느끼게 한다.

9. 비용이 많이 들지 않는다. 건물이나 프로그램, 유급 전임 성직자가 필요하지 않으므로 전통적인 교회보다 비용이 들지 않는다.

10. 즉시 시작할 수 있다. 바로 지금 당신의 거실에서 시작할 수 있다. 새로운 교회를 시작하는 데 체육관을 빌리거나 건물이 완성되기까지, 혹은 전임 성직자가 부임할 때까지 기다릴 필요가 없다.

부록 5
자주 하는 질문들

Q. 가정교회가 아닌 전통적인 교회는 잘못된 것인가?

A. 하나님은 늘 그러셨듯, 지금도 사람들을 자신에게 돌아오게 하는 데 전통적인 교회들을 사용하시며 앞으로도 그럴 것이다. 여기에는 의심의 여지가 없다. 나는 전통적인 교회의 형제자매들에게 돌을 던질 의도는 전혀 없다.

그러나 그들이 전통에 의해 굳어진 이른바 '대성당' 교회 형태를 고수하고 있음을 말하고 싶다. '대성당' 교회란 오늘날 많은 교회가 성스러운 건물에서 소수의 전문 성직자들의 지휘 아래 성스러운 예식을 행하는 것을 말한다. 여기에는 개인 신자나 교회 전체가 전략적이고 성경적으로 제 역량을 발휘하지 못하게 막는 3가지 신화가 있다.

첫째 신화는 '성스러운(거룩한) 사람'에 대한 것이다. 많은 사람들이 신학교에서 공부한 직업적 목사가 반드시 필요하다고 생각한다. 하지만 성경은 이와 반대로, 모든 신자들이 제사장이 되어 하나님 나라를 세우는 데 그들의 은사를 사용하도록 하는 것에 교회의 비전을 둔다(벧전 2:4-10, 고전 12:7-12, 27-30). 분명 지도자를 임명하는 것이 성경에서 벗어나지는 않지만(막 3:13-15, 행 13:1-3, 딛 1:5-9), 이 리더십이 피라미드 형태로 계급화된 결과로 교회에서 신자들의 참여와 은사의 발휘가 제한되어서는 되어서는 안 된다. 더구나 오늘날의 단독 리더십 구조는 1세기에 가정교회의 네트워크를 관리했던 무급 장로들의 동등한 권한 행사와는 대조된다(행 20:17-21, 딛 1:5).

둘째 신화는 '성스러운 예배'에 관한 것이다. 많은 사람들은 '예배'라는 단어를 들으면 소수의 주도적인 사람들이 이끌어가는 예식이라는 이미지를 떠올린다. 그것이 유익할 수는 있겠지만 대부분의 구성원을 그저 구경꾼에 불과한 청중으로 만들기가 쉽다. 이러한 모임은 보여주기 식의 행사에 그칠 우려가 있다. 이와 반대로 성경적인 가정교회는 열려 있고 상호적이며 참여지향적인 모임을 가질 수 있고(고전 14:26, 엡 5:19, 골 3:16, 히 10:25), 지도력 개발을 위한 이상적 훈련장이 될 수 있으며, 모든 구성원이 함께 참여하고 관계성을 세워나갈 수 있다.

셋째 신화는 '성스러운 건물'에 관한 것이다. 많은 사람들은 제대로인 교회가 되려면 많은 수가 모일 수 있는 전용 건물이나 대규모 공간이 필요하다고 생각한다. 교회 건물의 유용성에 대한 논의와는 별개로 사도행전의 증언과 교회 역사는 건물이 교회 개척운동과 복음화 또는 제자훈련에 필수 요소가 아니라고 분명히 말하며, 때로는 장애물로 등장하기도 한다. 교회 건물은 또한 '성전 사고방식'을 낳아 교회를 상자 안에 가두고 신자들이 그들의 이웃을 복음증거의 대상으로 보지 못하도록 만든다. 우리는 현재 교회의 관행들을 재고해봄으로써 건물 신축이나 임대에 소요되는 막대한 재정이나 자원을 실질적으로 없애나가는 노력을 진행해야 한다.

오늘날 하나님은 전세계적으로 교회의 구조 개혁을 단행하고 계신다. 셀교회 내지 가정교회가 곳곳에서 자라고 있고, 예수님의 지상명령으로 이루는 효과적인 수단으로 사용되고 있다. 특히 가정교회 운동은 성스러운 교회의 3가지 신화를 없애고 사도적인 교회를 세우는 데 있어 셀교회보다 효과적이다.

따라서 전통적인 교회도 좋은 것이지만 셀교회는 더 좋으며, 가정교회 운동은 가장 좋은 것이라는 사실을 강조하고 싶다. 이 책의 목표는 우리 시대의 교회가 신약성경의 실행과 전략적 효율성에 대한 접근방식을 재고하도록 하는 것이다.

Q. 우리 교회에도 셀모임이 있다. 그것은 기본적으로 가정교회와 같은가?
A. 오늘날 많은 지역 교회들이 여러 가지 목적으로 소그룹 형태의 셀모임을 두고 있다. 이는 칭찬하고 장려할 일이다.

그러나 전통적인 교회는 이런 것을 교회의 부수적인 선택사항으로 간주하는 편이며, 가장 중요한 모임은 역시 주일 예배다. 이런 형태의 구조를 '소그룹을 가진 교회'라고 표현할 수 있다.

조금 더 발전된 형태인 셀교회는 가정 셀모임과 주일 예배를 동일시 하지만, 여전히 셀을 모교회를 위한 부수적인 모임으로 본다. 또한 셀모임은 모교회에서 충분히 독립적이지 못하므로 합법적으로 교회의 역할을 할 수 없다. 따라서 그들은 독자적으로 성찬과 세례를 행할 수 없으며 중요 결정을 단독으로 내릴 수도 없다. 이것은 목회자나 당회의 권한에 속한 영역이다. 셀모임이 진정 교회로서의 역할을 감당할 수 있다 해도 여전히 독립적인 교회로 인정하지는 않는다. 따라서 셀교회는 '소그룹으로 된 교회'라고 말할 수 있다.

반면 신약성경 형태의 가정교회는 그 자체로 온전한 교회이며 모교회에 속하지 않는다. 대신 함께 계획하고 기도하며 동역하는 가정교회 네트워크의 일부분이 된다. 이런 교회를 '소그룹이 바로 교회'라고 말할 수 있다.

Q. 우리는 신약성경의 교회 형태를 따라야만 하는가?
A. 우리가 믿기로는, 사도들은 그렇게 하기를 기대했다. 결론은 우리가 사도들의 권위를 어떻게 보는가와 그들의 기대에 부합하여 무엇을 할지에 따라 달라질 것이다.

이 말이 오늘날의 문화적 배경을 고려하지 않고 맹목적으로 신약성경을 따라야 한다는 뜻인가? 그렇지는 않다. 사도들의 방향은 교회 형태에 관한 것이지 문화적인 것이 아니다. 다시 말해, 우리가 유대정통 복장인 토가를 입고 샌들을 신으며, 마른 과일과 생선을 먹으면서 나귀를 타고 마을로 다닌다든지, 머리에 기름을 바를 필요가 있거나, 현대의 과학기술들을 사용해서는 안 된다는 말이 아니다. 교회 모임 형식이나 교회 사이의 관계, 지도자들이 어떻게 세움을 받고 어떤 역할을 했는지 등에 관한 그들의 모범을 따라야 한다는 말이다. 이런 것들은 하나님이 계획하신 교회가 어떻게 존재해야 하며 무엇을 해야 하는지를 잘 보여주기 때문이다.

오늘날 많은 교회들이 '어떤 면에서는' 사도들에 의해 시작된 신약적 형태를 따르고 있다. 그러나 모든 걸 수용하지는 않았다. 교회가 사도들의 신앙은 수용했지만, 사도들의 실행은 수용하지 않았다.

오히려 4세기 이래 지난 1700년 동안 기독교는 국교화의 길을 걸으며 사도들의 실행보다는 전통이란 것을 쌓아왔다. 그러므로 우리는 사도들의 청사진을 교회의 표준으로 진지하게 고려할 필요가 있다. '우리가 오늘날 신약교회 형태를 따라야만 하는가?'를 물을 것이 아니라, '왜 우리는 그와 다른 방법으로 하길 원하는가?'를 물어야 한다.

Q. 1세기 당시의 신약교회 지침을 오늘날 그대로 적용해도 되는가? '형태' 보다는 '역할'이 더 중요하지 않은가? 결국 교회는 오랫동안 새로운 환경에 적응하기 위해 변화해오지 않았는가?

A. 이런 생각은 본능적으로 많은 사람에게 호소력 있게 들린다. 기본적인 주장은 '형태'보다 '역할'이 더 중요하고 신약성경에 있는 교회의 역할에 대한 원리들만 신경 쓴다면 형태는 중요하지 않다고 생각한다. 역할이 유지되는 한 새로이 생기는 불확실한 상황에 맞게 교회의 형태가 적응해가는 것은 상관없다고 여긴다. 이런 태도에는 두 가지 문제점이 있다.

첫째, 형태와 역할은 분리하기가 어렵다. 이 두 가지는 긴밀히 연결되어 있다. 만일 형태에 변화가 생긴다면 자연스레 그 역할과 효율성도 바뀔 가능성이 높다. 예를 들어, 사고로 엄지손가락을 잃은 사람을 생각해보자. 손의 형태가 손가락 5개에서 4개로 변화되었다. 분명 그 사람은 치료를 거치며 네 손가락으로 물건을 잡는 새로운 방법에 적응할 것이다. 하지만 물건을 집는 역할 일부는 여전히 남아 있더라도 변형된 손은 엄지손가락이 있을 때만큼 효율적일 수는 없다. 교회도 마찬가지다. 하나님은 어떤 일을 하기 위해 특정 형태로 교회를 계획하셨다. 만일 우리가 우리의 방식대로 그 형태에 변화를 주면, 교회의 처음 모습은 사라질 것이고 잠재적으로 자칫 교회의 제 기능을 다하지 못할 수도 있다.

둘째, 교회에 적용된 진화론적 해명은 성경의 가르침과 실행을 벗어난 모든 것을 합리화하기 위해 이용된 측면이 있다. 교회 형태 및 구조의 변화가 어떤 식으로든 괜찮다면 우리는 모든 것에 대해 잘못됐다고 말할 수 없게 된다. 신약성경에 나온 교회의 형태에 관한 사도적 실행과 가르침이 우리에게 아무런 권위를 갖고 있지 않다면, 우리는 자신의 관점에서 옳다고 여기는 것을 마음대로 할 수 있으며, 어떤 문제에 대해 성경에 비춰 논쟁을 벌일 수도 없게 된다. 다행히 교회 역사에 걸쳐 회복과 개혁 그리고 부흥을 위한 운동들이 사도적 실행과 가르침으로부터 심각하게 벗어난 문제들을 용기 있게 지적했으며, 교회가 정상궤도로 돌아갈 수 있도록 작용해왔다.

Q. 가정교회 지도자 훈련은 어떻게 하는가? 그들의 자격과 준비 여부에 대해서는 누가 확인하는가?
A. 지역 사역자이든 순회 사역자이든 가정교회 지도자로 충분한 자격을 갖추기 위해 3가지 훈련 요소가 필요하다.

도제식 견습 방식은 이 책에서 언급한 가장 효율적인 방법으로, M.A.W.L―본보이기(Model), 지원하기(Assist), 지켜보기(Watch), 떠나기(Leave)―이라 불린다. 멘토가 멘토링 받는 이에게 모범을 보이고, 가까이에서 지원하며 지켜보다가 독립시키는 방식이다. 지도자 훈련을 받는 이는 과제를 수행한 후에 지속적으로 멘토에게 결과를 보고해야 한다. 예수님과 바울이 이러한 방식을 취했다.

지도자 모임 방식은 이 책에서 4D―꿈꾸기(Dream), 훈련(Drill), 토론(Discuss), 만찬(Dinner)―으로 묘사했다. 이것은 가정교회 네트워크에 속한 지도자들이 한 달에 한두 번 정기적으로 함께 모여 설교와 계획, 기도, 자원 공유, 그리고 만찬 시간을 갖는 것이다. 이를 통해 지도자들끼의 교제와 토론을 거치며 상호간의 배움이 일어나고 고유된 경험을 통해서도 지도자로서의 역량을 갖추게 된다.

정규 신학교육 과정도 필요하다. 가정교회 운동에 참여하는 이들 중 신학 학위를 가진 몇 사람을 두는 것도 중요하다. 이런 사람들은 교회가 교리적 건전성을 유지하면서 신학적 깊이와 폭을 더해주는 데 필요한 학문적 도구를 제공한다. 그러나 소위 평신도라고 불리는 사람들의 능력과 지식도 간과되어서는 안 된다.

Q. 가정교회가 신학적으로나 실행에 있어 정상궤도에서 벗어날 위험은 없는가? 그들은 어떻게 신뢰를 쌓아갈 수 있을까?
A. 독립 모임이 교리적으로 어긋나거나 실행면에서 잘못될 염려에 대해서는 충분히 공감이 간다. 실제로 역사를 통해 이런 일들이 자주 발생했다. 그렇다고 독립성 자체가 그릇된 신념이나 행동을 유발하지는 않는다.

적극적인 통제나 인간적 신뢰로도 이런 문제를 완전히 방지할 수는 없다. 독립된 교회와 선교단체가 스스로를 지속적으로 점검하며 통제한다 해도 거기에는 언제나 위험이 존재한다. 그렇기에 가정교회가 거대한 네트워크의 일부가 되는 것을 강력히 추천한다. 네트워크의 일부로서 가정교회의 지도자들은 자신들의 삶과 사역을 돌아볼 뿐 아니라 상호 검증을 허락할 수 있다. 이러한 네트워크 안에 있을 때 교회는 서로의 친밀함을 통해 가능한 협력과 상승효과를 유익으로 얻는다. 순회 사역자들의 역할도 매우 중요하다. 우리는 가정교회를 순회하면서 건전성과 활력을 담보해주는, 사명감 있고 은사와 능력을 갖춘 사람들이 필요하다.

Q. 가정교회 운동은 교파에 속해야 하는가?
A. 나는 교파를 이상적인 것으로 생각하지 않는다. 교리적인 문제를 떠나, 그리스도의 몸 된 교회가 나누어지는 유일하게 합법적이고 성경적인 이유는 지리적 거리다. 따라서 초기교회는 연합이라는 신학을 가지고 있었고 도시 전체가 하나의 유기체로 연결되는 교회 형태를 활용했다. 그럼에도 불구하고 교파를 가지고 있는 것이 오늘날의 현실이다.

그러면 가정교회는 어떻게 해야 하는가? 운동에 참여한 사람들도 이 부분에 있어서는 의견이 갈린다. 어떤 사람들은 신학적이고 실제적인 이유 때문에 교파에 반대한다. 다른 사람들은 교파가 여러 도움과 신뢰성을 더해주기 때문에 선호하기도 한다.

교파에 속하면 보다 넓은 문화적 시각에서 가정교회의 합법성이 높아지고, 교리 또는 실행의 신뢰도, 재정과 가용 자원의 활용도, 가정교회를 다른 그리스도인들에게 소개할 기회 등이 올라간다. 단점으로는 교파에 속했다는 이유로, 가정교회의 활동, 특히 성찬과 세례, 훈련과 재정 지출 등의 문제에서 과도한 통제가 있을 수 있다.

따라서 나는 교파에 속하는 문제에 있어 찬성도 반대도 하지 않으며 다만 개인의 양심과 상황에 맡기는 것이 좋다는 의견이다.

Q. 가정교회에서 재정 문제는 어떻게 처리되는가?
A. 교파에 관련된 사안과 유사하게, 가정교회에서 재정 문제는 다양한 방식으로 처리한다. 우선 전통적인 교회처럼 단일한 계좌, 기부금 처리 제도 및 십일조를 허용하는 경우가 있으며, 그와 달리 별다는 규정 없이 그때그때 사안별로 구제와 전도를 위해 헌금을 모으는 경우도 있다. 이 두 가지 경우 모두에서 장단점이 존재한다. 그렇더라도 대개의 경우, 교회 건물 마련이라든지, 유급 전임 사역자를 둔다든지, 고비용의 프로그램을 시행한다든지 하는 일에 교회가 재정을 투입하는 일은 고통적으로 하지 않으려고 한다. 재정 문제는 교회가 처한 상황에 따라 다를 수 있으므로 가급적 개별 가정교회나 네트워크가 스스로 처리하도록 맡기는 것이 좋다고 생각한다.

Q. 가정교회가 선교사와 소외된 이들을 위해 재정을 투입할 여력이 될까?
A. 전통적인 교회는 전임 성직자의 사례와 기존 교회 시스템 유지를 위해 예산의 상당액을 사용한다. 반면 가정교회는 이런 기본 유지비용이 들지 않는다. 그래도 하나의 가정교회 자체로는 부족할 수 있으므로 네트워크 차원으로 힘을 모아 재정 지원을 할 수 있다. 네트워크로 연합된 가정교회의 규모가 클수록 선교, 구호 및 지역 자선 사역에 훨씬 더 많은 기여를 할 수 있다.

추천 자료

가정교회 운동

Atkerson, Steve, ed. (2003), *Ekklesia: To the Roots of Biblical Church Life*, New Testament Reformation Fellowship, www.ntrf.org

Banks, Robert (1998), *Paul's Idea of Community: The Early House Churches in their Historical Setting*, Eerdmans. (『바울의 공동체 사상』, IVP)

Birkey, Del (1988), *The House Church*, Herald Press.

Broadbent, E.H. (1999), *The Pilgrim Church*, Gospel Folio Press. (『순례하는 교회』, 전도출판사)

Bunton, Peter (2001), *Cell Groups and House Churches: What History Teaches Us*, House to House Publications.

Driver, John (1999), *Radical Faith: An Alternative History of the Christian Church*, Pandora Press.

Durnbaugh, Donald (1968), *The Believers' Church: The History and Character of Radical Protestantism*, The MacMillan Company.

Filson, Floyd (1939), "The Significance of the Early House Churches", Journal of Biblical Literature, vol.58, pp.109-112, (classic article).

Fitts, Robert (2001), *The Church in the House*, Preparing the Way Publishers (무료 PDF 파일 다운로드 사이트 : https://www.oikos.org.au/assets/files/pre-2019/Ebooks/the-church-in-the-house1.pdf

Garrison, David (1999), *Church Planting Movements*, International Mission Board,

Southern Baptist Convention, 다운로드 : https://www.call2all.org/wp-content/uploads/2015/12/Church_Planting_Movements_Garrison.pdf, (『하나님의 교회 개척 배가운동』, 요단출판사)

Kreider, Larry (2001), *House Church Networks*, House-to-House Publications.

Krupp, Nate (1984), *The Church Triumphant at the End of the Age Characterized by Revival*, Restoration, Unity, World Evangelization, and Persecution, Preparing the Way Publishers, www.ptwpublish.com.

Lund, Robert (2001), *The Way Church Out To Be*, Outside-the-Box Press, www.outside-the-box-press.com

Rutz, James (2005), *Megashift*, www.megashift.com

Simson, Wolfgang (1998), *Houses that Change the World*, Paternoster Publishing.

Snyder, Howard (1975), *The Problem of Wineskins*, InterVarsity Press. (『새 포도주는 새 부대에』, IVP)

Snyder, Howard (1996), *The Radical Wesley and Patterns for Church Renewal*, Wipf and Stock Publishers.

Viola, Frank (1998), *Rethinking the Wineskin: The Practice of the New Testament Church*, Present Testimony Ministry.

Viola, Frank (1999), *Who is Your Covering?*, Present Testimony Ministry. (『누가 교회의 권위자인가?』, 미션월드)

Viola, Frank (2003), *Pagan Christianity*, Present Testimony Ministry. (『교회가 없다』, 대장간)

기독교 지도력과 영성

Henri Nouwen, 1989, *In the Name of Jesus: Reflections on Christian Leadership*, Crossroad. (『예수님의 이름으로』, 두란노)

Henri Nouwen, 1975, *Reaching Out : The Three Movements of the Spiritual Life*, Doubleday. (『영적 발돋움』, 두란노)

Oswald Sanders, 1989, *Spiritual Leadership*, Moody Press. (『영적 지도력』, 요단)

D.S. Whitney, 1991, *Spiritual Disciplines for the Christian Life*, NavPress.

C.G. Wilkes, 1998, *Jesus on Leadership*, Tyndale House.

Charles Stanley, 1985, *How to Listen to God*, Thomas Nelson Publishers.

지도와 제자훈련

A.B. Bruce, 1988, *The Training of the Twelve*, Kregel Publications. (『열두 제자의 훈련』, 크리스챤다이제스트)

Robert Coleman, 1993, *The Master Plan of Evangelism*, Spire. (『주님의 전도계획』, 생명의말씀사)

Leroy Eims, 1978, *The Lost Art of Disciple Making*, Zondervan. (『제자 삼는 사역의 기술』, 네비게이토)

W. Henrichsen, 2002, *Disciples are Made Not Born*, David C. Cook.

Larry Kreider, 2000, *The Cry for Spiritual Fathers and Mothers*, House to House Publica-tions. (『영적 아비를 향한 갈망』, 뉴와인)

Jim Petersen, 1993, *Lifestyle Discipleship*, NavPress.

Lorne Sanny, *Making the Investment of Your Life*, 4, 카셋트 테이프, NavPress.

P.D. Stanley and J.R. Clinton, 1992, *Connecting: The Mentoring Relationships You Need to Succeed*, NavPress.

복음주의와 변증론

P. B. Barnett, 1986, *Is the New Testament Reliable?*, InterVarsity Press. (『신약성경은 믿을 만한가』, IVP)

F. F. Bruce, 1992, *The New Testament Documents: Are they Reliable?*, InterVarsity Press. (『신약성경은 신뢰할 만한가』, 좋은씨앗)

M. Green and A. McGrath, 1995, *How Shall We Reach Them?*, Thomas Nelson Publishers.

M. Green, 1995, *One to One: How to Share your faith with a Friend*, Moorings.

G. G Hunter, 2000, *The Celtic Way of Evangelism*, Abingdon Press.

B. Jacks, 1987, *Your Home a Lighthouse: Hosting an Evangelistic Bible Study*, NavPress.

P. Little, 1989, *Know Why you Believe*, InterVarsity Press.

Jim Petersen, 1989, *Living Proof: Sharing the Gospel Naturally*, NavPress. (『우리 세대를 위한 창의적 전도』, 네비게이토)

Rebecca Pippert, 1999, *Out of the Saltshaker and into the World*, InterVarsity Press. (『빛으로 소금으로』, IVP)

S. Sjogren, 1993, *The Conspiracy of Kindness: A Refreshing New Approach of Sharing the Love of Jesus with Others*, Vine Books.

Lee Strobel, 1998, *The Case for Christ*, Zondervan. (『예수는 역사다』, 두란노)

Lee Strobel, 2000, *The Case for Faith*, Zondervan. (『특종! 믿음 사건』, 두란노)

세계선교

P. Johnstone and J. Mandryk, 2001, *Operation World*, WEC International. (『세계기도정보』, 죠이선교회)

J. M. Terry, 1998, *Missiology: An Introduction to the Foundations*, History, and Strategies of World Missions, Broadman and Holman Publishers.

R. Winter and S. Hawthorne, 1981, *Perspectives on the World Christian Movement*, William Carey Library. (『미션 퍼스펙티브』, 예수전도단)

Mission Frontiers (magazine), www.missionfrontiers.org

웹사이트

Canadian HouseChurch Resource Network, www.outreach.ca

Dove Christian Fellowship International, www.dcfi.org

House-2-House Online Magazine, www.house2house.com

New Testament Reformation Fellowship, www.ntrf.org

Open Church Ministries, www.openchurch.com